Michael Hohlbrugger

Die Saggenbande sucht die verschwundene Frau

Ein Jugendkrimi

Impressum:
© Michael Hohlbrugger, 2019
Coverherstellung: Rainer Stecher
Autorenfoto: Michael Hohlbrugger
Lektorat: Rainer Stecher
ISBN: 9783743197572
Herstellung & Verlag
BoD – Books on Demand, Norderstedt

Danksagung

Die Saggenbande und alle Personen, die in diesem Buch vorkommen, sind frei erfunden. Doch auf die Idee dafür brachte mich mein Freund Domi. Gemeinsam mit zwei weiteren Freunden (Flo und Veit) gründete er in den 80er Jahren den JDC (Jugenddetektivclub). Dominik hörte damals davon, dass eine Frau im „Saggen" verschwunden sei. Die drei Freunde wollten sich auf die Suche nach dieser Frau machen. Somit war die Idee für dieses Buch geboren. Dann hat ein Fingertipp zum nächsten geführt, bis das Manuskript fertig vor mir lag. Danke an Eva, die diese Geschichte dann als Erste verfeinert hat. Dieses Buch wäre auch nicht ohne Sarah Milena entstanden. Vom ersten Moment an hat sie es mit Akribie gegengelesen und bei der einen oder anderen „Fine Green" und dem einen oder anderen Gläschen Anregungen erteilt, kritisiert und ihre Meinung kundgetan.

Auch bei meiner Testleserin Katharina möchte ich mich bedanken. Ich hatte voll die Gaudi über dein Feedback. Und bei Markus möchte ich mich fürs Gegenlesen und sein Angebot, die Saggenbande auf die Bühne zu bringen, ganz herzlich bedanken. Euch allen ein herzliches DANKESCHÖN! Und auch jenen, die ich hier vergessen habe.

Für Sina

Meine Tochter, auf die ich so stolz bin.
Ich bin so dankbar,
dass sie mich als Vater ausgesucht hat.

Apothekenbesuch mit Folgen

Samuel trat von einem Fuß auf den anderen. Die Rotphase der Fußgängerampel schien ewig zu dauern. Dabei wollte er doch unbedingt in die Apotheke kommen, bevor die Apothekerin diese zu Mittag zusperrte. Das neue Apothekenmagazin war gestern erschienen und in der Schule hatten drei Mitschüler von dem neuen Tigerposter erzählt, das in der Mitte des Heftes zu sehen war. Außerdem erhoffte sich Samuel, einen Traubenzucker geschenkt zu bekommen.

Die Ampel hatte noch immer nicht auf Grün geschaltet. Als die Kirchenglocken durch ihr Läuten die Mittagsstunde ankündigten, erschien endlich das grüne Fußgängermännchen auf der Ampel. Samuel sprintete los. Er befürchtete, dass die Tür genau vor seiner Nase zugesperrt werden würde. Aber das war zum Glück nicht der Fall. Er drückte die Eingangstür zur Apotheke auf und trat ein. Seine Hektik war unbegründet, denn keine der drei anwesenden Damen nahm von ihm Notiz. Die Apothekerin und ihre beiden Kundinnen waren ganz vertieft in ihr Gespräch. Das Glöckchen über dem Eingang, das bei Samuels Eintreten kurz ertönt war, hatte die Damen weder unterbrochen noch abgelenkt.

Samuel ging in die hintere Ecke des Verkaufsraums zu den Zeitschriften. Durch einen Spiegel, der in der Ecke montiert war, konnte er die drei Damen genau im Blick behalten. Eine der beiden Kundinnen kannte Samuel genau. Es war die Frau Schiebel, die bei ihm im Haus im zweiten Stock wohnte.

Die ältere Dame kleidete sich manchmal seltsam, war aber immer freundlich zu ihm. Heute trug sie einen violetten Hut mit einer grünen Feder. Die Farbe des Hutes und die rötliche Haarfarbe vertrugen sich nicht. Im Spiegel sah es so aus, als sei Frau Schiebel doppelt so alt. Auch der türkisene Blazer passte gar nicht dazu.

Die Apothekerin war über den Tresen gebeugt. Sie hatte ihren Kopf auf die linke Hand gestützt und sagte laut: „Nein, ich glaube es nicht! Hier bei uns, mitten in unserem schönen Stadtviertel! Und bei uns gleich um die Ecke! Dass so etwas überhaupt möglich ist!" Die unbekannte dritte Frau ging einen Schritt zurück. Erst jetzt erkannte Samuel, dass die Apothekerin über eine Zeitung gebeugt war. „Ja, was es nicht alles gibt! Schrecklich, wirklich schrecklich! Jetzt werde ich vermutlich noch schlechter schlafen."

Frau Schiebel schüttelte den Kopf und entgegnete: „Adelheid, bitte! Lass dich doch nicht verrückt machen! Der Artikel schließt nur die Möglichkeit ein. Es ist doch noch gar nichts bewiesen!"

Die Frau heißt also Adelheid, dachte Samuel und überlegte, was denn so schrecklich sein könnte.

Adelheid zog scharf die Luft ein. „Liebe Grete! Ich fasse es nicht!" Damit war Frau Schiebel angesprochen, das wusste Samuel vom Türschild her. Grete Schiebel stand dort nämlich. Und wie es der Zufall so wollte, hieß ihr Mann Hans. Auf dem goldenen Türschild im zweiten Stock stand „Hans und Grete Schiebel". Früher hatte Samuel gedacht, bei ihm im Haus würden die Hauptfiguren aus dem Märchen „Hänsel und Gretel" wohnen. „Du glaubst tatsächlich, man müsse sich nicht fürchten?" Diese Worte von Adelheid katapultierten Samuel zurück ins Hier und Jetzt. Ihre Frage unterstrich die Dame mit wilden Gesten in der Luft. Ohne eine Antwort abzuwarten, fuhr sie unbeirrt fort: „Wie gesagt, ich hoffe du irrst dich nicht, aber ich befürchte, meine Liebe, du bist auf dem Holzweg!"

Bei Samuel fing irgendetwas an, in der Nase zu jucken.

„Noch einmal", sagte Grete Schiebel mit einer Stimme, in die sie besonders viel Geduld zu legen versuchte. Wie eine Lehrerin, die zum fünften Mal der Klasse etwas erklären musste oder wollte. Das Jucken in Samuels Nase wurde immer schlimmer. „Dieser Artikel berichtet nur über einen Sachverhalt." Samuel versuchte, sich an der Nase zu kratzen, aber das Jucken wurde nicht weniger. „Darüber, dass etwas ..." Samuel merkte nun, was kommen würde, wusste aber nicht, wie er dieses Unglück abwenden sollte. „... passiert sein könnte", vernahm er noch, dann musste er laut niesen. Schlagartig war es still geworden in der Apotheke. Als er die Augen wieder öffnete, schauten ihn alle drei Damen erschrocken an. Erst jetzt schienen sie Samuel bemerkt zu haben.

„Kann ich dir helfen, junger Mann?", erkundigte sich die Apothekerin. Sie hatte sich aufgerichtet. Samuel war ein wenig die Röte ins Gesicht gestiegen.

„Ja, ähm, ich wollte eigentlich nur schnell das Heft hier holen. Kann ich es mitnehmen?"

„Ja, sicher! Sonst noch was?"

Samuels Blick fiel auf die Plastikbox mit dem Traubenzucker. Allerdings traute er sich in dieser Situation nicht mehr, danach zu fragen.

„Nein, nein, danke!", murmelte er.

„Ach! Samuel, du bist das", sagte plötzlich Frau Schiebel erstaunt, der Samuels Blick nicht entgangen war.

„Oh, verdammt! Schon so spät?" Die Apothekerin sah auf ihre Uhr. „Es ist schon zehn nach zwölf. Eigentlich hätte ich den Laden vor zehn Minuten zusperren müssen. So, meine Damen, kommen Sie doch bitte ein anderes Mal wieder, oder brauchen Sie noch etwas?"

„Ja, könnte ich noch einen Traubenzucker aus der Box nehmen?", wollte Grete Schiebel wissen. Samuel sah seine Chance auch einen Traubenzucker zu bekommen, zögerte aber zu lange und ließ so die Gelegenheit verstreichen.

„Sicher." Die Apothekerin nickte.

Frau Schiebel nahm sich einen gelb verpackten. Die Damen und Samuel verließen das Geschäft.

„Ich rufe dich später an, Grete", sagte Adelheid und ging weg. Samuel und Grete Schiebel machten sich auf den Weg in die entgegengesetzte Richtung. Frau Schiebel lächelte. Sie reichte Samuel den Traubenzucker. Er strahlte. „Super, danke!"

„Hast dich wohl nicht zu fragen getraut?"

Samuel schüttelte den Kopf und stopfte sich den Traubenzucker in den Mund. Nachdem sie ein paar Meter schweigend zurückgelegt hatten, wollte Samuel wissen, worüber sich die Damen in der Apotheke so angeregt unterhalten hatten.

„Ach, dafür bist du noch ein bisschen zu jung! Es war eine Erwachsenengeschichte, die in der Zeitung stand. Dafür brauchst du dich noch nicht zu interessieren!"

Mit diesen paar Sätzen hatte sie die Neugier von Samuel gesteigert. Vorsichtig bohrte er nach: „Sie können mir doch alles erzählen, Frau Schiebel! Worum ging es denn in dem Artikel?" Grete Schiebel schmunzelte.

„Samuel, wirklich. Ich würde es dir erzählen, aber es ist ja noch gar nicht sicher, dass es überhaupt passiert ist."

„Was soll denn passiert sein?"

„Samuel, du Schlingel. Also gut. Ein Mädchen ist verschwunden. Vielleicht. Die Polizei ist sich nicht sicher. Und verschwunden ist sie scheinbar bei uns im Saggen."

„In unserem Stadtteil? Wo denn da genau?"

„Samuel, jetzt ist aber genug", wiegelte Grete Schiebel ab. „Erzähl mir lieber, was ihr heute in der Schule gemacht habt!"

Beim Gespräch über Lesen und Mathematik legten sie den restlichen Weg nach Hause zurück. Frau Schiebel schloss die Haustür auf. Im ersten Stock verabschiedeten sich die beiden und Samuel klingelte an der Wohnungstür seiner Familie. Nachdem seine Mutter geöffnete hatte, warf Samuel die Schultasche in die Ecke und zog sich hastig die Jacke aus.

„Mama! Wo haben wir die Tageszeitung?"

„Auf dem Lesetisch im Wohnzimmer, wie immer. Warum fragst du?"

„Nur so."

„Wasch dir die Hände und komm essen!" Widerwillig tat Samuel wie ihm geheißen. Gierig löffelte er das Kartoffelpüree und die Portion Blaukraut auf seinem Teller in sich hinein, was natürlich seiner Mutter überhaupt nicht gefiel.

„Samuel, setz dich gerade hin und iss langsam! So wie du in dich hinein schaufelst, möchte man meinen, du hast seit Wochen nichts mehr zu essen bekommen", kam es von ihr im Minutentakt. Doch dies führte nur zu kleinen Unterbrechungen, ehe es im gleichen Tempo weiterging. Samuels Jagdinstinkt war nun geweckt. Da konnte seine

Mutter ihn noch so oft ermahnen, das Essen war nur eine ungewollte, vielleicht notwendige Zwischenstation.

Kaum war der Teller von Samuel leer, ließ er den Löffel fallen, sprang auf und sagte: „Mama, danke für das Essen, ich bin in meinem Zimmer."

„Nicht so schnell, junger Mann! Zuerst räumst du deinen Teller in den Geschirrspüler, dann zeigst du mir noch, welche Hausübungen du machen musst."

Jeglicher Protest half nichts. Samuel musste sich fügen und tat wie ihm geheißen. Zehn Minuten später war er endlich in seinem Zimmer. Alleine! Samuel hatte sich die Zeitung aus dem Wohnzimmer geholt, lag nun auf seinem Bett und blätterte sie durch. Den Sportteil ignorierte er, da würde die Nachricht nicht stehen. Samuel blätterte die Zeitung durch. Es dauerte, bis er die Kurzmeldungen im Innsbrucker Lokalteil fand. Eifrig begann er zu lesen: „Die Polizei bittet um Ihre Mithilfe! Seit zwei Tagen wird eine junge Frau (Name der Redaktion bekannt) vermisst. Zuletzt wurde die gesuchte Person bei der Bushaltestelle Bundesbahndirektionen der Linie R in der Bienerstraße gesehen. Dies war vor zwei Tagen gegen 20:00 Uhr. Laut Angaben eines Kollegen trug sie zu diesem Zeitpunkt einen schwarzen Rock, der bis zu den Knöcheln reichte, außerdem eine rote Bluse und einen dunkelblauen Blazer. Dazu flache schwarze Schuhe mit einer applizierten silbernen Blume. Die Dame ist etwa 175 Zentimeter groß, von schlanker Figur und hat blonde Haare und blaue Augen. Sie ist 25 Jahre alt. Die Innsbrucker Polizei geht nach eigenen Angaben vorerst nicht von einem Verbrechen aus, kann das allerdings zu diesem Zeitpunkt auch nicht ausschließen. Hat irgendwer die junge Frau gesehen oder kennt jemand den Aufenthaltsort dieser Person? Jeder Hinweis ist wichtig und hilft uns, die Person wiederzufinden! Für sachdienliche Hinweise wenden Sie sich bitte an folgende Nummer: 0512/345/0."

Samuel las den Text ein zweites und ein drittes Mal. Die Bienerstraße war nicht weit entfernt von seinem Zuhause und lag zudem auf seinem Schulweg.

„Warum liegst du auf dem Boden und ... was machst du bitte mit der Zeitung?", fragte seine Mutter, die plötzlich im Zimmer stand.

„Ich, ähm", stammelte Samuel bereits zum zweiten Mal an diesem Tag. „Ich wollte eigentlich nur auch einmal in der Zeitung lesen, so wie du und Papa", fiel ihm Gott sei Dank noch ein.

„Die Zeitung ist aber nichts für Jungs in deinem Alter!" Mit diesen Worten faltete die Mutter die Zeitung zusammen und nahm sie an sich. „Und jetzt mach deine Hausübung, wenn du heute noch zum Fußballtraining gehen willst!" Mit diesen Worten verließ sie das Zimmer.

Samuel setzte sich an den Schreibtisch und begann den Mathematikzettel zu bearbeiten. Doch seine Gedanken waren bereits ganz woanders. Eine junge Frau war verschwunden, und zwar im Innsbrucker Stadtteil „Saggen", wenige hundert Meter von seinem Zuhause entfernt. Ihm wurde ganz heiß. Dieses Mädchen, nein, diese Frau könnte für Samuel die Erfüllung eines lang gehegten Traums sein.

Er blickte auf die Uhr. Zehn Minuten nach eins. Eine Stunde und zwanzig Minuten, dann würde sein Freund Enrico kommen. Dann, ja dann wird der Startschuss für das Unternehmen „Verschwundene finden" fallen.

Die Gruppe formiert sich

Die Uhr zeigte 14:40 Uhr, als es an der Tür klingelte. Samuel hatte die Hausübung gemacht und ungeduldig auf seinen Freund gewartet.

Die letzten fünfzig Minuten waren ihm vorgekommen, als hätten sie drei Wochen gedauert, trotz Ablenkung mit Gameboy und Apothekermagazin. Es war fast wie am Heiligen Abend, wenn die Kinder auf die Erlösung durch das Läuten des Glöckchens warten, welches den Besuch des Christkindes ankündigt, ehe sie ins Zimmer mit dem beleuchteten Baum gehen dürfen. In diesem Fall hatte das Läuten der Türklingel Samuel erlöst. Der schrille Ton kündigte die Ankunft von Enrico an. Samuel flitzte zur Tür und riss sie auf. Enrico hatte heute ein schwarz-grün kariertes Hemd an, dazu eine Jeans und weiße Sportschuhe. An seiner Schulter baumelte die Sporttasche, da später noch das Fußballtraining auf dem Programm stand.

„He, Kumpel!" Enrico grinste aus seinem runden Gesicht, welches von seinem Markenzeichen, einer schwarzen Lockenmähne, umrandet wurde. Enrico war einen Kopf größer als Samuel. Nach dem Begrüßungsritual zog dieser seinen Freund in sein Zimmer.

„Ich muss dir etwas zeigen." Enrico hatte gerade noch Zeit, Samuels Mutter zuzuwinken, ehe sich die Zimmertür schloss.

„Was ist denn los, Sam?" Das Verhalten seines Freundes erschien Enrico doch ein wenig eigenartig.

„Warte hier!" Samuel lief aus seinem Zimmer und kam wenige Sekunden später mit der Zeitung in der Hand zurück. Er blätterte sie durch und zeigte Enrico den Artikel. Enrico las, dann blickte er seinen Freund lange an.

„Ich weiß genau, was du möchtest. Du träumst doch schon lange davon, einmal Detektiv sein zu können. Und jetzt siehst du deine Chance gekommen, stimmt´s?"

Er grinste. „Sicher, das ist unsere Chance! Stell dir vor, wir finden sie! Bist du dabei?", platzte Samuel heraus.

Ohne zu überlegen, meinte Enrico: „Ja, sicher!" Er unterstrich dies noch mit heftigem Nicken. „Aber warum bist du so sicher, dass wir – ausgerechnet wir – sie finden werden?"

Samuel zögerte. „Ich weiß es natürlich nicht, aber wir finden sie sicher nicht, wenn wir von vornherein einfach aufgeben! ‚Nutze den Tag, kappe diem oder Krapfe deim‘, wie meine Großmutter immer zu sagen pflegt."

„Du bist ein alter Streber, Sam", kommentierte Enrico, ehe er sich den Artikel noch einmal durchlas. Danach folgerte er, dass es im Saggen schon heftig zugehe und sie nicht viele Anhaltspunkte für ihre Suche hätten. „An der Bushaltestelle in der Bienerstraße sollten wir anfangen. Du willst wahrscheinlich gleich hingehen, stimmt´s? Wie spät ist es überhaupt? Schaffen wir das noch vor dem Training?" Ein kurzer Kontrollblick auf die Uhr genügte. Keine Minute später machten sie sich auf den Weg.

Samuel und Enrico liefen in die Bienerstraße. Der Duft von Herausgebackenem, möglicherweise eines Wiener Schnitzels, begrüßte die Freunde, als sie zur Bushaltestelle am Gehsteig gelangten.

Ein Mann mit langen schwarzen Haaren und einer Lederjacke wippte vor und zurück. Er zog an einer Zigarette. Überhaupt fiel den Knaben auf, wie viele Stummel hier lagen.

„Das ist so grauslich!", entfuhr es Samuel. Daneben stand eine kleine alte Dame, deren Gesicht ein einziges Faltenmeer war. Ihre linke Hand umklammerte einen Trolley. „Was wollen wir machen, Enrico? Wie sollen wir es angehen?"

„Wir fragen die zwei Leute, andere sind ja nicht da. Oder möchtest du die Tschiggfilter befragen? Wir können sie auch aufsammeln und unter dem Mikroskop genau untersuchen. Vielleicht finden wir noch die Fingerabdrücke von der jungen Frau."

„Aber da müssten wir ja einen Vergleich haben. Ich weiß nicht, ob das wirklich funktionieren würde. Glaubst du, die liegen schon so lange da?" Samuel betrachtete unsicher den Asphalt.

„Das war ein Scherz, Sam. Was ist los mit dir? Denkst du wirklich, ich rühre einen von den grausigen Glimmstängeln an?" Samuel versuchte, seinen Ekel mit einer abfälligen Handbewegung wegzuwischen.

„Depp!", zischte er.

„Also, los! Gehen wir es an", meinte Enrico grinsend. Samuel war in diesem Moment froh über die Größe seines Freundes, denn so konnte er sich ein wenig im Hintergrund halten und bei Bedarf hinter Enrico verschwinden. „Ich fange mit dem Mann an. Entschuldigung, mein Herr. Mich würde interessieren, ob Sie öfter mit diesem Bus fahren. Und von dieser Haltestelle aus."

Träge wendete der Mann mit den langen Haaren den Kopf und sah Enrico an. Samuel duckte sich schon jetzt ein wenig mehr hinter Enrico. Provokativ zog er an seiner Zigarette und blies den Rauch in Enricos Richtung. Dieser schloss kurz die Augen und atmete einmal tief durch.

„Das ist keine Antwort, sehr verehrter Herr. Ich frage Sie noch einmal so höööööööflich, wie ich nur kann. Fahren Sie öfter mit dem Bus? Und dann immer von dieser Haltestelle aus?" Das Gesicht des Mannes mit der Lederjacke lief rot an.

„Was geht das dich an, Bürschchen? Hä?!", zischte er.

Nun fiel die Reaktion der beiden Freunde unterschiedlich aus. Während Samuel sofort zwei Schritte nach hinten machte und sich eher zur Flucht wappnete, bäumte sich Enrico auf. Er sah dem Mann in die Augen und erwiderte seinen Blick mit stoischer Gelassenheit.

„Punkt eins", meinte Enrico. „Es ist eine neutrale Frage gewesen, da mein Freund und ich mithelfen wollen, ein mögliches Verbrechen aufzuklären. Woran Sie ja scheinbar nicht interessiert sind."

„Was ist los, Bürschchen? Welches Verbrechen?", fuhr der Mann dazwischen.

„Punkt zwei: Ich war sehr höflich zu Ihnen", fuhr Enrico unbeirrt fort. „Sie im Gegensatz dazu nicht. Wer so eine Alkoholfahne bereits am Nachmittag mit sich herumträgt, der sollte bitte nicht seinen Mitmenschen direkt ins Gesicht hauchen!"

„Bürschchen, geht's noch? Für deine Frechheit solltest du eine gesunde Watsche bekommen!" Spätestens jetzt übernahm der Fluchtinstinkt bei Samuel zusehends das Kommando. Doch seine Beine bewegten sich nicht.

Der Mann funkelte Enrico böse an. In diesem Augenblick fuhr der Bus ein. „Du hast Glück, Bürschchen, ansonsten hätte ich dir jetzt so eine geklatscht, dass du morgen noch deine Wange gespürt hättest!"

„Sie drohen also einem Minderjährigen Schläge an."

Die Türen öffneten sich. Die ältere Dame hievte sich und den Trolley in den Bus. Auch der Mann setzte sich in Bewegung und kletterte in den Bus. Die Mühen, die ihm die Aktion Buseinstieg machten, waren kaum zu übersehen. Dagegen hatte die Dame wie eine junge Ballerina gewirkt. Nach einem Schritt im Bus drehte sich der Mann mit den langen Haaren um und blieb im Eingangsbereich stehen. Wie zwei Boxer, die einander belauern, standen sich Enrico und er gegenüber. Die Türen schlossen sich. Die Ampel sprang auf Grün und der Bus rollte an. Der Mann streckte zur Verabschiedung den Mittelfinger in die Höhe. Enrico lief los, konnte allerdings nicht mehr neben den Bus gelangen.

„Wir sehen uns wieder!", rief er dem Mann hinterher. „So ein Trottel! Betrunken und unhöflich, eine tolle Kombination", meinte Enrico, als er wieder bei Samuel stand. Dieser sagte nichts, zu tief saß ihm noch der Schrecken in den Gliedern. „Den Mann habe ich nicht das letzte Mal gesehen, da bin ich mir sicher!"

„Beruhige dich, Enrico! Er ist jetzt weg. Ende Gelände! Die Sache ist vorbei", versuchte Samuel nun seinen

Freund zu beruhigen und schickte im Geiste ein „hoffentlich" hinterher. Samuel war ein wenig erstaunt, er hatte noch nie erlebt, dass Enrico einerseits so furchtlos und andererseits so schlagfertig war.

„Was machen wir nun?", fragte Enrico, der merkte, dass es an der Zeit war, das Thema zu wechseln.

Samuel zuckte mit den Schultern. „Schwierig, sehr schwierig. Ich glaube, fürs Erste müssen wir einen Misserfolg verbuchen. Ich wüsste nicht, was es noch bringen soll, hier zu warten. Besser wäre es, gegen zwanzig Uhr zurückzukommen, vielleicht erwischen wir dann jemanden, der regelmäßig mit dem Bus fährt, so wie an dem bestimmten Tag. Vielleicht kommen wir so einen Schritt weiter."

In diesem Moment bog ein Mädchen auf ihrem Scooter aus der Claudiastraße in die Bienerstraße. Sie hatte einen Rucksack geschultert. Der Rucksack war violett und übersät mit weißen Punkten. Er bestand aus drei Fächern mit Reißverschlüssen und hellbraunen Zipper-Pullern. Ihr schwarzes Haar war zwar zu einem Zopf geflochten, aber zwei, drei Haarsträhnen hatten sich gelöst und tanzten ein wenig im Fahrtwind. Als sie auf der Höhe der Jungs war, grüßte sie Samuel und er erwiderte den Gruß. Enrico sah ihn fragend an.

„Das ist die Gitti. Sie geht mit mir in die Klasse. Sie wohnt auch in meiner Nähe, und –" Samuel brach mitten im Satz ab. „Gitti, Gitti warte mal!", schrie er plötzlich und lief ihr nach. Enrico folgte ein wenig verwirrt. Samuel musste noch zwei Mal rufen, ehe Gitti ihr Tempo drosselte.

„Hallo, Gitti", sagte Samuel, als er ihr gegenüberstand. Er schnaufte einmal kräftig durch.

„Wir haben uns schon begrüßt, Samuel, was ist denn noch?"

„Zunächst möchte ich dir Enrico vorstellen. Er ist ein Freund von mir seit dem Kindergarten. Er hat sich dann aber für die Schwesternschule in der Falkstraße entschieden und geht jetzt ins Gymnasium am Adolf-Pichler-Platz."

Enrico schien beim Anblick der tiefblauen Augen von Gitti wie erstarrt zu sein.

Gitti selbst meinte bloß: „Ja, ja! Hallo, Enrico, ich bin die Gitti." Und wieder an Samuel gerichtet: „Du, ich muss echt weiter, ich komme von der Blockflötenstunde und will nun mit der Mama ein bisschen bummeln gehen ins DEZ."

„Dann will ich dich nicht länger aufhalten. Ich habe nur noch eine Frage an dich. Dein Opa war doch ..."

„Ich bin der Enrico", unterbrach dieser seinen Freund. Offensichtlich war er ins Hier und Jetzt zurückgekehrt. Gitti und Samuel sahen ihn erstaunt an. Enrico lächelte verlegen. „Was ist?", fragte er verwundert. Samuel schüttelte den Kopf. Das war nun schon das zweite Erlebnis, bei dem er seinen Freund nicht wiedererkannte. Gitti hatte währenddessen nur kurz die Augen verdreht.

„Dein Großvater ist doch Gerichtsreporter gewesen, da hat er sicher einiges erlebt, oder?"

„Das weißt du doch, Samuel, schließlich haben wir in der Schule darüber gesprochen, als jeder die Berufe seiner Eltern und Großeltern vorgestellt hat."

„Ja, sicher! Mich würde nun interessieren, ob wir, also Enrico und ich, einmal kurz mit ihm sprechen könnten."

Gitti wirkte genervt. „Warum wollt ihr meinen Großvater sprechen?"

Samuel blickte zu Enrico, aber der schien erneut gerade irgendwo anders zu sein. „Einfach so."

„Ahso, ja dann! Er hat, glaube ich, seine Sprechstunde von neun bis zehn Uhr vormittags, außer am Sonntag, da ist er nämlich meistens beim Gottesdienst. Da hat Gott Sprechstunde. Da kannst mit dem auch gleich sprechen."

Enrico kicherte.

„Besser du lässt mich vorbei, Samuel; und spinn woanders weiter!"

„Nein, Gitti warte! Ich will es dir erzählen." Samuel atmete einmal tief durch. „Aber du musst mir versprechen, dass du weder das Folgende weitererzählst noch uns für verrückt hältst."

„Ich höre!"

„Hast du heute die Zeitung gelesen?" Ohne eine Antwort abzuwarten, fuhr Samuel fort. „Da berichten sie von einer jungen Frau, die verschwunden ist. Sie wurde zuletzt an dieser Bushaltestelle da hinten gesehen. Enrico und ich sind nun auf der Suche nach dieser Frau. Und da wollten wir einfach deinen Großvater um Rat fragen, wie wir es am besten anstellen sollen."

Gitti blieb lange ruhig. Sie dachte nach.

„Was habt ihr bis jetzt gemacht und gibt es bereits erste Erfolge?", fragte sie eine Weile später.

„Nicht viel. Erfolg hatten wir bis jetzt keinen, wenn man davon absieht, dass Enrico noch alle Zähne und einen neuen Freund gefunden hat."

Erneut trat Stille ein. Gitti schien es plötzlich überhaupt nicht mehr eilig zu haben.

„Ist das die Wahrheit?", fragte sie ungläubig.

„Ja, wirklich! Hör zu!" Samuel erzählte Gitti alles. Angefangen von seinem Besuch in der Apotheke, wie er zu Hause die Zeitung durchsucht und sich mit Enrico getroffen hat, dass sie dann zur Bushaltestelle gegangen sind und was sich kurz vor Gittis Ankunft abgespielt hat. „Und als du um die Ecke gekommen bist, überlegten wir gerade, was wir tun könnten."

„Den Kerl werde ich wiedersehen, so leicht entkommt der mir nicht!", schloss Enrico aufgebracht den Bericht seines Freundes ab. Gitti hatte konzentriert zugehört.

„Okay, ich habe einen Vorschlag. Ich darf bei eurer Sache mitmachen, dafür checke ich ein Gespräch mit meinem Opa."

Samuel schien die Möglichkeiten abzuwägen. Er warf einen kurzen Seitenblick auf Enrico, der bereits energisch nickte.

„Okay", sagte Samuel und streckte Gitti die Hand hin. Sie gab ihm ein „High Five".

„Somit ist die Sache besiegelt. Alles Weitere besprechen wir morgen Nachmittag. Wir treffen uns einfach im Schillerpark um drei Uhr", meinte sie und setzte sich erneut in Bewegung. Samuel und Enrico mussten sich auch beeilen, schließlich fing ihr Fußballtraining in Kürze an. Sie trabten zurück zu Samuels Wohnung.

„Wer ist eigentlich diese Gitti und woher kennst du sie?", erkundigte sich Enrico.

„Aus der Schule! Sie geht mit mir in die Klasse. Sie heißt eigentlich Brigitte Gießner. Aber alle nennen sie nur Gitti. Und lustigerweise fängt ihr Spitzname auch mit einem G an. Sie wird nämlich von uns in der Klasse nur ‚Gugelhupf Gitti' genannt."

„Wieso denn das?"

„Weil sie Gugelhupf so gerne mag, dass sie mindestens einmal in der Woche ein Stück zur Pause mitbringt. Sie könnte sich nur von Gugelhupf ernähren, hat sie irgendwann gesagt, und damit war ihr Spitzname geboren."

„Sie scheint wirklich nett zu sein. Und ihre Augen! Ein Wahnsinn!", schwärmte Enrico enthusiastisch. In diesem Moment erreichten sie die Haustür und Samuel läutete Sturm.

Irgendwo

Ihr war speiübel. Der Mund war trocken und jegliches Schlucken schmerzte. Genau wie ihr Kopf. Sie hatte das Gefühl, irgendjemand würde mit einem Presslufthammer versuchen, durch ihre Schädeldecke zu gelangen. Sie schwitzte. Ihre Glieder brannten. Sie versuchte, sich zu strecken. Unter größter Anstrengung begann sie, das linke Bein zu bewegen. Schmerzblitze durchzuckten sie. Tränen schossen in ihre Augen. Trotzdem gelang es ihr irgendwie. Beim Versuch, das rechte Bein in derselben Art und Weise zu bewegen, musste sie kurz eingeschlafen sein. Oder auch nicht. Auf jeden Fall hatte sie wieder eine Bewusstseinslücke. Die letzte Kraft wandte sie auf, um ihren Oberkörper aus der Seitenlage in die Rückenlage zu drehen. Während der Bewegung wurden die Schmerzen jedoch unerträglich. Und die Übelkeit nahm zu, so dass sie kurz vor dem Erbrechen war. Wann hatte sie das letzte Mal gegessen? Hatte sie überhaupt was im Magen? Wie spät war es und welcher Tag war heute? Sie hatte jegliches Zeitgefühl verloren. Tränen flossen ihr über die Wangen.

Sie sprach sich Mut zu, obwohl ihr Körper höllisch schmerzte und sie langsam ahnte, in welch aussichtslos scheinender Lage sie sich befand. Alles war dunkel um sie herum.

Wie war sie nur hierher gekommen? Und wo war sie hier überhaupt? Ihre Gedanken überschlugen sich. Sie streckte den linken Arm in der Hoffnung aus, ihre Finger würden irgendwo auf etwas stoßen, das ihr eine kleine Orientierung gab, um zumindest die nähere Umgebung zu orten. Da war jedoch nichts, außer jetzt vielleicht ein paar neue Luftlöcher. Sie versuchte das Gleiche mit dem rechten Arm. Und tatsächlich berührte ihr Mittelfinger ein kühles Etwas. Eine Wand? Oder eine Tür vielleicht?

Obwohl sie niemals ein enges Verhältnis zu Gott aufgebaut oder gepflegt hatte, begann sie nun zu beten. Sie konnte sich das Warum nicht erklären, aber es schien jetzt richtig zu sein. Genau in diesem Moment.

In ihrem Kopf formulierte sie Worte.

„Lieber Gott", flüsterte sie wenig später. „Nein, völlig falsch!" Ärger stieg in ihr hoch. Hätte sie doch im Religionsunterricht nur besser aufgepasst. So fing man kein Gebet an. „Im Namen von Papa, seinem Kind und seinem ... Was war da noch, verdammt?" Erneut durchflutete sie eine Welle des Ärgers. „Das ‚verdammt' nehme ich natürlich zurück, entschuldige bitte! Aber der Pater Anton hat uns ja auch nichts beigebracht! So jemand arbeitet für dich oder euch?", flüsterte sie, während neue Tränen über ihre Wangen rannen. Ihre Situation schien aussichtslos. Sie startete einen neuen Versuch.

„Ich weiß, man kann sich sein Personal nicht aussuchen. Also entschuldige nochmals! Lieber heiliger Gott, der du bist im Himmel. Ich glaube an Gott und an deine Kirche", murmelte sie in der Dunkelheit. Kirche war ein peinliches Stichwort, dachte sie bei sich. Möglicherweise wäre es klüger gewesen, wenn ich dieses Gebäude doch hin und wieder von innen gesehen hätte.

Als Kind waren ihr andere Dinge immer wichtiger gewesen, und die wenigen Male, als ihre Eltern hart geblieben waren und sie mitgeschleppt hatten, war es todlangweilig gewesen. Ihr Pfarrer hatte so eine Art an sich, da hätte sich der Sohn Gottes wahrscheinlich wieder freiwillig in sein Grab gelegt.

Vielleicht war dies die Strafe Gottes, weil sie fast nie in der Kirche war? Aber heißt es nicht in der Bibel: „Schaut nicht auf das, was ihr nicht hattet, sondern auf das, was ihr hattet!?" Also vielleicht würden die wenigen Kirchenbesuche ihr einen Bonus verschaffen. Wie viele Leute gingen nur zu Weihnachten und zu Ostern in die Kirche und glaubten, dass sie dadurch irgendwie Vorzeigechristen wären? Sie überlegte, was ihr sonst noch gutgeschrieben werden könnte. Ihr fiel nichts ein. So sehr sie sich auch anstrengte, keine Erinnerung tauchte vor ihrem geistigen

Auge auf. Nur Tränen bahnten sich ihren Weg über die Wangen, benässten ihr Kinn und dann den Hals. Irgendwann schlief sie darüber ein.

Der Schulterschluss

Am nächsten Tag wehte ein schwacher, kühler Wind in den Straßen Innsbrucks. An Wind waren und sind die Bewohner Innsbrucks durch den Föhn gewöhnt. Dieses Lüftchen war ein erster Vorbote, dass der Herbst Einzug halten könnte. Nur wenige maßen diesem Umstand Bedeutung zu.

Für Samuel war der Wind schon bedeutend. Er hatte mit seiner Mutter eine kleine Diskussion, ob er nun eine Jacke mitnehmen musste oder nicht. Widerwillig nahm er sie vom Haken und knäuelte sie unter seinen Arm.

„Wehe du verlierst die Jacke, Samuel!", rief ihm seine Mutter noch nach. An der Haustür atmete er einmal tief ein und wieder aus, in der Hoffnung, der Ärger über seine nervige Mutter würde beim Ausatmen verschwinden. Der Erfolg war überschaubar, nun musste der Wind den Ärger wegblasen. – Das gestrige Fußballtraining war ohne weitere Vorkommnisse verlaufen. Auf dem Heimweg hatten Enrico und Samuel beschlossen, nicht mehr um 20:00 Uhr zur Bushaltestelle zu gehen, da sie abwarten wollten, was der Großvater von Gitti zu sagen hatte. In der Schule hatten Samuel und Gitti kein Wort über ihr Vorhaben verloren. Samuel blickte nun auf seine Uhr, es war bereits 14:53 Uhr. „Soll ich den Scooter nehmen?", überlegte er laut. Er entschloss sich, den Scooter aus dem Keller zu holen und so schnell wie möglich zum Treffpunkt in den Park zu fahren. Ebenso entschied sich Enrico für den Scooter, da er es auch eilig hatte. Seine Mutter hatte für sein Gefühl nämlich etwas zu lange wegen seiner Hausübung gemeckert. „Nein, deine Schrift! Die kann kein Mensch lesen, Enrico!"

Dafür hatte er noch ein treffsicheres Gegenargument gehabt: „Ich kann es lesen, Mama. Und meine Lehrerin hat auch alles lesen können, was ich abgegeben habe." Auf diese Bemerkung musste die Mutter so von Herzen lachen, dass ihr die Tränen in die Augen getreten waren. Gegen die fünf falschen Rechnungen hatte Enrico nichts einwenden können. Sie radierte die Ergebnisse aus und ließ Enrico noch einmal rechnen. Da aber inzwischen ein wenig Zeitdruck dazu kam, begann Enrico zu hudeln. Deshalb schaffte er es auch, sich insgesamt noch sieben Mal zu verrechnen. Als die Mathehausübung endlich erledigt war, sprang Enrico auf. Er musste dringend in den Schillerpark. Die Uhr tickte gnadenlos auf 15:00 Uhr zu.

„Ich werde es rechtzeitig schaffen", sagte sich Samuel, der bei einer Kreuzung anhielt und kurz verschnaufte. Er überquerte die Straße und nahm mit dem Fuß wieder

Schwung. Kurze Zeit später rollte er in den Park ein. Gitti war schon da und saß auf einer Bank. Samuel stellte seinen Scooter neben ihren.

„He, alles klar?", begrüßte er sie.

„Ja! Und selbst?"

„Danke. Pah, die Kreuzinger spinnt ja total! Ich dachte schon, mit Mathe werde ich überhaupt nicht mehr fertig. Unglaublich!"

„Ja, mir ist es auch so gegangen. Heute war echt viel auf", meinte Gitti.

Samuel blickte Richtung ehemaligen Obststand, der nun schon seit einigen Jahren geschlossen war, und sah Enrico mit dem Scooter kommen. Aber wie sah denn der Freund aus? Samuel musste grinsen. Atemlos erreichte auch Enrico die Bank.

„Hat ein Friseur zufällig seinen Geltopf auf die Straße geleert, während du vorbeigefahren bist?" Samuel prustete los und konnte sich fast nicht mehr einkriegen. Er lachte und lachte. Enricos Gefühle wechselten zwischen Wut und Verlegenheit. Er hatte tatsächlich das Haargel seines Vaters heimlich aus dem Badezimmerschrank genommen und dann schnell auf der Straße Gel in seine Haare geschmiert, um sich ein wenig fesch zu machen.

„Wenn du heute nicht sterben willst, dann hör auf zu lachen!", zischte Enrico in Samuels Richtung. Und Gitti grüßte er mit einem freundlichen: „Hallo."

Samuel blickte zu Gitti. Sie hielt den Kopf ein wenig geneigt und schaute auf den Boden, hatte aber ebenfalls ein Grinsen im Gesicht. Enrico funkelte ihn immer noch böse an. Plötzlich zuckten seine Mundwinkel. Und keine Sekunde später lachte auch er.

„Schaut das so scheiße aus, Sam?"

„Du hast es schon ein wenig übertrieben. Drücken wir es mal so aus."

„Kommen wir doch bitte zur Sache!", schaltete sich Gitti ein. „Zum Sprücheklopfen sind wir ja nicht gekommen."

„Jetzt ist sie erst seit gestern eingeweiht und spielt schon die Chefin", raunte Samuel Enrico zu, was ihm einen Seitenhieb einbrachte, den Redeschwall allerdings nicht unterbrach.

„Ab sofort sind wir eine Clique und gehören zusammen. ‚Einer für alle und alle für einen', wie es so schön heißt. Keine Geheimnisse voreinander. Was für einen Fall wichtig ist, soll jeder von uns wissen. Keine Alleingänge. Habt ihr etwas einzuwenden?"

Beide Burschen schüttelten den Kopf.

„Gut. Wenn einer dagegen verstößt, wird er mit sofortiger Wirkung aus der Gruppe ausgeschlossen. Keine Ausreden. Die anderen sollen darüber abstimmen, wann und ob er wieder in die Gruppe aufgenommen werden kann. Seid ihr damit einverstanden?"

Samuel und Enrico nickten.

„Habt ihr auch Vorschläge? Oder habt ihr euch überhaupt eigene Gedanken gemacht?"

Samuel und Enrico verneinten.

„Na, dann ist es ja gut, dass ich an alles gedacht habe."

Wie aus heiterem Himmel hielt sie plötzlich einen Zettel und eine Nadel in der Hand.

„Was hast du denn da?", fragte Samuel.

„Ich habe mir schon gedacht, dass ihr wieder an gar nichts denkt, und habe deshalb alles vorbereitet."

„Na, du machst ja Nägel mit Köpfen!", meinte nun Enrico stirnrunzelnd. „Ich fühle mich gerade wie ein Waschbär, der über die Autobahn will."

„Wo hast du denn das her?", fragte Samuel.

„Wollt ihr noch einmal darüber nachdenken? Oder eine Nacht darüber schlafen?", erkundigte sich Gitti. Sie war ein wenig verärgert über die Fragen der beiden.

„Kann ich mal den Zettel sehen?"

Wortlos gab Gitti das Geschriebene an ihren Freund Samuel weiter. Es war ein Computerausdruck. Samuel las ihn aufmerksam durch:

URKUNDE

Mit diesem Dokument wird die Gründung einer neuen Gruppe bestätigt. Die unten stehenden Personen sind Gründungsmitglieder und Bestandteil der Gruppe. Durch

ihre Unterschrift erklären sie sich mit den nachfolgend aufgeführten Punkten einverstanden.
1. Wir sind eine Clique.
2. Das Ziel der Gruppe ist es, das verschwundene Mädchen zu finden.
3. Wir haben keine Geheimnisse voreinander.
4. Kein Mitglied macht einen Alleingang.
5. Jedes Mitglied erfährt alle für den Fall relevanten Fakten.
6. Alle Schritte sollen von der Gruppe gemeinsam beschlossen werden.
7. Es wird nichts getan, was der Gruppe oder einem Mitglied schaden könnte.
8. Bei einem Verstoß können die anderen Mitglieder den ausschließen, der diesen Verstoß begangen hat."

„Puh, ganz schön viel Blabla! Wo hast du das denn her?", fragte Samuel.

„Habe ich gestern im Internet gefunden. Ich habe ein wenig gegoogelt und dann mit kopieren und einfügen diese Urkunde zusammengestellt. So, wollt ihr nun unterschreiben oder noch darüber nachdenken?"

„Ja, gib mir einen Stift", meinte Enrico.

„Nein, keinen Stift. Das besiegeln wir anders", entschied Gitti. „Streck deinen Finger aus!" Enrico tat wie ihm geheißen.

Gitti stach mit einer Nadel in seine Fingerkuppe.

„Au, spinnst du?!" Reflexartig zog Enrico seine Hand zurück.

„Drück den Blutstropfen auf das Papier neben deinen Namen! Wir unterschreiben alle mit Fingerabdruck und einem Blutstropfen. Das soll die Bedeutung unseres Vorhabens zusätzlich unterstreichen!" Widerwillig drückte Enrico seinen Zeigefinger auf das Papier.

„Hast du zu viele Indianerfilme gesehen, Gitti?", fragte Samuel, dem beim Gedanken an die Nadel ein wenig flau geworden war.

Gitti stach sich nun selbst und drückte ihren Daumen auf das Papier. Beide blickten daraufhin Samuel an.

„Also, ich weiß nicht so recht. Reicht nicht auch eine einfache Unterschrift mit Bleistift?"

„Sei keine Memme, Sam! Oder willst du nicht dabei sein?" Enrico stemmte seine Fäuste in die Hüften.

„Ich ... wollte ... nur ... Ach, ich weiß auch nicht!"

Während Samuel sich krampfhaft eine Ausrede überlegte, packte Enrico seinen Arm und streckte ihn Gitti hin. Wie einstudiert nahm sie Samuels Daumen und stach zu. Samuel schluckte und unterschrieb ebenfalls.

Gitti klatschte in die Hände. „Und nun habe ich noch eine Überraschung! Zur Feier des Tages spendiere ich euch und mir ein Stück vom ..." Sie zauberte eine Box aus ihrer Tasche und öffnete sie. „... Marmorgugelhupf!"

„Siehst du, ich sagte es dir doch. Deshalb heißt sie auch Gugelhupf Gitti", flüsterte Samuel Enrico ins Ohr.

Nachdem alle ihr Stück gegessen hatten, fragte Samuel, wie es nun weitergehen soll.

„Ich habe mit meinem Großvater gesprochen. Morgen Nachmittag hat er Zeit für uns. Dann können wir mit ihm sprechen. Und du, Samuel, kannst dort alle deine Fragen stellen."

„Morgen Nachmittag. Das ist super, aber findest du nicht, dass uns bis dahin viel Zeit durch die Finger rinnt, in der wir schon die ersten Ermittlungen machen könnten?" Samuel fühlte sich etwas ausgebremst, doch keiner wollte seinem Tatendrang folgen.

„Sicherlich, Samuel, aber was willst du machen? Sollen wir zur Bushaltestelle gehen und ein bisschen rumpöbeln?"

Samuel schluckte. So hatte er das nicht gemeint. Leicht verärgert beugte er sich seinem Schicksal.

„Okay, dann warten wir halt bis morgen. Wann morgen? Wieder die gleiche Zeit wie heute? Wo wohnt eigentlich dein Opa?"

„Er wohnt auch im Saggen. In der Elisabethstraße."

„Treffen wir uns dann morgen um drei bei den Stufen vor dem Hörtnagl Geschäft?", fragte Enrico.

„Funkt", sagten Samuel und Gitti gleichzeitig.

„Aber wie nennen wir uns?", fuhr Enrico fort.

„Hast wahrscheinlich auch schon einen Namen bestimmt, Gitti, oder?", ätzte Samuel daraufhin.

„Nein, eigentlich nicht", meinte Gitti. Stille trat ein. „Aber wie wäre es mit unseren Anfangsbuchstaben GES, also Gitti, Enrico und Samuel?"

„GES? Nein, auf gar keinen Fall!", wischte Enrico den Vorschlag vom Tisch. „Stell dir vor, wir müssten irgendwo läuten und dann durch die Sprechanlage sagen: ‚Hallo, hier ist GES', da legt doch jeder sofort auf, weil es wie die Rundfunkgebühr GIS klingt. Wir ernten bestenfalls Beschimpfungen, was anderes werden wir nicht zu hören bekommen."

Wieder dachten alle nach.

„Es müsste etwas sein, das uns drei verbindet. Eine Gemeinsamkeit. Wie wäre es ..." Samuel legte eine Pause ein. In einem Film würden an dieser Stelle Fanfaren erklingen. „... mit dem Namen Scooter Clique?" Enrico und Gitti prusteten sofort los. „Was ist? Wir haben doch alle drei so einen Roller. Daher Scooter Clique."

„Ja, sicher! Scooter Clique. Dann können wir gleich eine Geheimsprache entwickeln. Wir rufen uns ‚Hyper! Hyper!' zu, wenn einer Hilfe braucht."

„Oder ‚how much is the fish?' – sobald es etwas Neues gibt", ulkte Gitti.

„Ihr seid doof!", leitete Samuel eine neue Schweigephase ein.

Schließlich einigten sich Enrico, Gitti und Samuel darauf, dass sie noch über den Namen nachdenken wollten. Sie verabredeten sich für den nächsten Tag bei den Stiegen vor dem Hörtnagl und traten dann ihren Heimweg an.

Eine Bekanntschaft

Johannes Kobler saß bei sich zu Hause am Küchentisch. Seine Laune war übel. Alles und jeder ging ihm derzeit auf die Nerven. Niemals hätte er damit gerechnet, dass diese Sache ihm solche Schwierigkeiten machen könnte. Er ging zum Kühlschrank. Mit einem großen Zischlaut öffnete Kobler eine Bierdose und nahm ein paar ausgedehnte Schlucke. Zurück am Küchentisch nahm Kobler die Packung Zigaretten und zündete sich eine an. Mit der Zigarette in der linken Hand und der Bierdose in der rechten stand er am Fenster und blickte düster ins Freie.

Gestern musste er sich dermaßen aufregen, dass es mehrere Stunden und etliche Biere gebraucht hat, um wieder halbwegs in der gefühlten Mitte zu sein. Was fiel dem Burschen eigentlich ein? Der quatschte ihn von der Seite an und wurde danach auch noch pampig. Normalerweise hätte man diesem Spross an Ort und Stelle ein paar hinter die Löffel geben müssen. Johannes Kobler konnte schon nachvollziehen, warum sich die ältere Generation noch mit Wohlwollen an die gesunde Watsche erinnerte. Aber heutzutage ... Der ganze Nachwuchs verweichlicht. Hätte er dem Bengel seine verdiente Prügel zukommen lassen, wäre er wahrscheinlich heim zu seiner Mutter gelaufen. Dann hätte er, Johannes Kobler, allerdings Probleme bekommen, obwohl er wirklich absolut nichts getan hatte. Aber er durfte sich keinen Fehltritt erlauben.

Alles hatte ganz unverfänglich angefangen. An einem Abend im Sommer saß er in seiner Stammkneipe, ein Bierchen in der Hand, nichts Böses ahnend. Die Unterhaltungen rund um ihn herum kümmerten ihn nur am Rande. Ab und zu führte Kobler mit der Bedienung ein Gespräch, das über das übliche Bestellritual hinausreichte. Aber spätestens nach ein paar Sätzen trat Stille ein und die Kellnerin ging wieder ihrer Arbeit nach oder unterhielt sich mit anderen Gästen. Wann genau die Dame das Lokal betreten hatte, konnte er nicht mehr sagen. Irgendwann stand sie neben ihm und erkundigte sich, ob der Barhocker neben ihm noch frei wäre.

„Schaut so aus", sagte Kobler knapp. Die Dame kicherte und setzte sich. Auf dem Heimweg an diesem Sommerabend dachte Johannes Kobler darüber nach, was an seiner Reaktion so einladend gewesen war. Auf jeden Fall begann die Dame, sobald sie sich gesetzt hatte, ein Gespräch. Das heißt, sie hat geredet, er hörte zu. Ab und zu hat er mal ein paar Wörter eingeworfen. Die Frau drückte ordentlich aufs Gas und spendierte Hochprozentiges, eine Runde nach der anderen. Manche Teile des Gesprächsinhalts verschwanden im Laufe des Abends auf nimmer Wiedersehen, wie einige Leberzellen auch.

Das Telefon klingelte. Als er sah, wer gerade anrief, musste Kobler grinsen.

„Ich habe gerade an dich gedacht, mein Täubchen!"

„Lass diese Schmeicheleien! Du weißt, das bringt gar nichts. Wir haben schon mehrmals darüber gesprochen, Joe!"

„Ja, eh!", stieß Kobler hervor und machte eine kurze Pause. „Du Spaßbremse!"

„Mit Spaß hat das nichts zu tun, Joe. Es ist nur ein Arbeitsverhältnis."

„Zumindest Verhältnis", hakte Johannes Kobler nach.

Die Frau am anderen Ende der Leitung wurde hörbar zornig: „Joe, mach für uns, was du gut kannst!"

„Um was geht´s?"

„Wir suchen einen Lieferanten mit Eigeninitiative, dem man nicht jeden kleinen Schritt erklären muss." Nach den letzten paar Worten hatte die Anruferin jedoch schon aufgelegt, wie Kobler an der Stille am anderen Ende der Leitung bemerkte. Er kam ins Grübeln. Eigentlich wusste er gar nichts von dieser Person, die sich als Katja vorgestellt hatte. Nach dem ersten Abend in seiner Stammkneipe hatte er sie eine Woche lang nicht gesehen. Und dann zufällig vor dem Eingang des Einkaufszentrums „An der Sill". Johannes Kobler wäre an ihr vorbeigelaufen, doch sie hatte sich ihm bemerkbar gemacht.

Die roten Haare trug sie an diesem Tag zu einem Zopf gebunden. Katja umarmte Kobler. Überschwänglich zeigte sie ihre Wiedersehensfreude. Obwohl Kobler den Ort eigentlich so schnell wie möglich verlassen wollte, zog sie ihn ins Einkaufszentrum zurück und spendierte ihm einen Kaffee. Erst zwei Stunden später gelang es ihm, sich zu befreien. Beim Verabschieden vereinbarten sie noch ein Treffen für den nächsten Abend in der Stammkneipe von Johannes Kobler. – Langsam erschien ihm Katja sympathisch und fast noch ein wenig mehr. Einzig: Sie redete zu viel. Aber niemand ist perfekt.

Tags darauf floss zunächst wieder etliches an Alkohol. Bis zur Sperrstunde wurde der Whiskey-, Wein- und Wodkabestand der Kneipe deutlich gesenkt. Dieses Mal war Johannes Kobler vorbereitet gewesen, hatte er doch noch vor dem Verlassen seiner Wohnung zwei Dosen Bratheringe verdrückt und die Marinade mit Schwarzbrot aufgetunkt. Nachdem Katja wieder alles gezahlt hatte, fragte Johannes: „Es ist noch zu früh, um nach Hause zu gehen. Ziehen wir noch weiter?"

Sie grinste vielsagend und antwortete: „Lass uns doch zu dir gehen!"

Das ersehnte Gespräch

Am nächsten Tag gab der Wind bereits ein stärkeres Lebenszeichen von sich. Die Blätter, die sich teilweise bereits ein wenig gelblich, rötlich oder bräunlich zu verfärben begannen, hatten schon größere Mühe sich am Baum zu halten. Samuel hatte an diesem Tag einen schlechten Start. Zuerst musste ihn die Mutter drei Mal wecken, damit er endlich aus den Federn kam. Dann schlief er auf dem Klo noch einmal für ein paar Augenblicke ein. Bis Samuel im Bad und mit Anziehen fertig war, blieb gerade noch Zeit, ein paar Schlucke Tee im Stehen zu trinken. Das geschmierte Nutellabrot musste mit auf den Schulweg.

Die ersten Stunden in der Schule blieben ohne bedeutsame Vorkommnisse. In der vierten Stunde allerdings widerfuhr ihm ein Missgeschick. Die Lehrerin hatte kurzfristig umdisponiert. Statt Geographie zu machen, ließ sie die Klasse ein wenig kreativ arbeiten.

Ein Tiroler Unternehmen hatte alle Unterstufen aufgerufen, einen Beitrag zum Thema „Umwelt plus Zugreisen" zu gestalten. Dabei war es egal, ob Basteleien, Zeichnungen oder Plakate eingesandt würden. Unter allen Einsendungen würden insgesamt zehn Klassenfahrten verlost. Die Klasse von Samuel hatte schon in der letzten Woche mit ihren unterschiedlichen Arbeiten begonnen.

Samuel zeichnete einen Zug, der gerade aus einem Tunnel in eine Blumenwiese fuhr. Gitti und drei andere Mädchen gestalteten ein Plakat, auf dem die Vorteile der Eisenbahn zu sehen waren. Gegen Ende der Stunde packte Samuel zusammen. Er stand auf und wollte den Joghurtbecher mit dem Wasserfarbenwasser zum Waschbecken tragen, als er gänzlich unerwartet einen Schubs von hinten bekam. Daraufhin verlor er das Gleichgewicht und fiel nach vorn. Im Fallen passierte das Malheur. Reflexartig riss Samuel die Arme nach vorn, wobei ihm Becher samt Inhalt aus den Händen glitt. Dieser befand sich Sekunden später auf einem gebastelten Zug. Die Schöpfer dieser Kreation funkelten Samuel böse an.

„Hast du einen Vogel?!", zischte einer aus der Gruppe.

„Was bist du doch für ein patscherter Volltrottel", kommentierte ein Mädchen.

„Die ganze Arbeit umsonst, nur wegen dir!", erboste sich der Nächste. Samuel war zum Heulen zumute. Hat denn niemand gesehen, dass er geschubst worden war? Er war hier das Opfer, nicht der Täter. Kein einziger seiner Mitschüler hat ihm geholfen.

„Samuel, steh auf!", forderte die Lehrerin. Hat die Lehrerin auch nichts gesehen? Samuel rappelte sich auf. Er kämpfte mit den Tränen. Der Weg zum Waschbecken glich einem Spießroutenlauf. Samuel spürte förmlich die stechenden Blicke der Mitschüler in seinem Rücken. Es war still in der Klasse. Wahrscheinlich formulierten einige Mitschüler gerade ihre Anschuldigungen gegen ihn. Den Blick auf den Boden gerichtet, schlich Samuel auf seinen Platz zurück.

Die Schulglocke erlöste ihn wenige Augenblicke später. Die Schultasche rasch geschultert lief er so schnell ihn seine Beine tragen konnten, um Abstand zwischen sich, dieser Szenerie und dem Ort des Geschehens zu bringen. Samuel war schon fast zu Hause, als er atemlos anhielt. Er stand auf dem Gehsteig und stütze seine Arme auf die Knie. Während er Luft in seine Lungen pumpte, gab es keinen Halt mehr für seine Tränen. Kurz darauf heulte Samuel wie ein Schlosshund. Aus Verbitterung und Wut über die Ungerechtigkeit, dass nun alle sauer auf ihn waren, obwohl er absolut unschuldig war.

So fand ihn auch Frau Schiebel, die mit zwei Einkaufstüten beladen ebenfalls Richtung Heimat unterwegs war.

„Was ist denn mit dir los, Samuel? Hast du dir wehgetan?", fragte sie besorgt.

„Ich? Nein, nicht wirklich, nur die anderen", antwortete Samuel mit tränenerstickter Stimme.

„Was ist passiert?", erkundigte sich Grete Schiebel, während sie ein Taschentuch aus ihrer Jackentasche kramte und es dem Jungen gab.

„Ich kann gar nichts dafür; alle sind jetzt aber sauer auf mich", begann er. Nach und nach versiegten die Tränen und Samuel begann immer flüssiger, sich den ganzen Frust von der Seele zu reden. Frau Schiebel hörte aufmerksam zu. Als der Junge fertig erzählt hatte, zog sie einen Schokoladenriegel aus einem ihrer Einkaufsbeutel.

„Ich glaube, der kann dich aufmuntern! Kopf hoch, Samuel! Du wirst sehen, alles kommt wieder ins Lot. Vielleicht redest du morgen noch einmal mit deinen Klassenkameraden." Samuel fühlte sich bereits ein wenig besser. Endlich hatte ihn jemand verstanden, und das war ihm wichtig. Er ging mit Grete Schiebel nach Hause und aß dabei den Schokoriegel. Diese ganze Angelegenheit wurmte Samuel aber immer noch ein bisschen, als er sich um 14:50 Uhr auf den Weg machte.

Gitti kam wenige Minuten nach ihm beim Lebensmittelgeschäft an, dem vereinbarten Treffpunkt. Sofort sprach sie Samuel auf die Geschichte an. „Was war denn in der Schule los? Die vier waren wirklich sauer auf dich!"

„Warum? Glaubt ihr alle, dass ich schuld gewesen war? Hat einer mal danach gefragt, wie es dazu kommen konnte, dass ich hingefallen bin? Wieso glaubt mir keiner?" Samuel sprach so laut, dass zwei ältere Damen verwundert stehen blieben. Gitti setzte ein verlegenes Lächeln auf. Sie legte eine Hand auf seinen Unterarm.

„Bitte beruhige dich, Samuel! Erzähle es mir, denn jetzt habe ich ja gefragt." Samuel erzählte seine Version der Geschichte: „Manuel Trotzenhuber ..."

„Ich dachte es mir schon, deshalb hat er so süffisant gegrinst. Seine herablassende Art ist mir aufgefallen", war Gittis Kommentar.

„Ich weiß nicht, was der Typ gegen mich hat", sagte Samuel in dem Moment, als Enrico bei den Stiegen ankam.

„Wer hat was gegen dich?", fragte er, ohne eine Antwort zu bekommen. Stattdessen setzten sich Samuel und Gitti in Bewegung.

Gitti ging vorneweg, die beiden Jungs folgten. Keine hundert Meter weiter blieben sie stehen. Gitti stand vor einer Gartenpforte und läutete. Gleich darauf folgte der Summerton. Durch einen großen Garten schritten die Kids auf ein unscheinbares Haus zu. Ein älterer Mann mit grauen Locken stand an der Tür. Er hatte ein Lächeln im Gesicht. Kleine Fältchen umrahmten seine blauen Augen. Er trug ein violettes Hemd mit kurzen Ärmeln und eine braune Schnürlsamthose. Seine Füße steckten in Gesundheitssandalen.

„Ja, wenn das nicht meine kleine Gitti ist!", rief er, breitete seine Arme aus, hob Gitti hoch und küsste sie auf die Wange.

„Opa, nicht vor den Jungs!", mahnte sie mit gespielter Entrüstung.

„Ich bin der Opa von Gitti", begrüßte er die beiden und gab ihnen die Hand. „Ihr könnt Toni zu mir sagen."

Toni führte die Kinder ins Esszimmer. Ein heller Raum mit einem riesigen Tisch in der Mitte. Enrico zählte zehn Stühle, die um den Tisch standen.

„Wartet kurz! Setzt euch, wenn ihr wollt, ich komme gleich." Wenig später kam Gittis Großvater mit einem vollen Tablett zurück. Er stellte vier Gläser, einen Krug mit Hollersaft, eine Schüssel mit Keksen und einen Teller mit ein paar Stück Gugelhupf auf den Tisch. Gittis Augen leuchteten. Ehe Toni sich setzte, teilte er noch Servietten aus. „Greift zu!", meinte er lächelnd.

Freudig fielen die Kids über die Sachen her.

„Danke", sagte Enrico mit vollem Mund. Samuel aß und trank. Ihn faszinierte vor allem die Uhr, die auf der Kommode stand. Es war eine kleine Uhr. Links und rechts standen zwei kleine silberne Elefanten. In der Mitte das Ziffernblatt war nicht größer als auf einem Wecker. Doch am Imponierendsten war das laute Ticken der Uhr. Selbst bei einem normalen Gespräch war im Hintergrund das „Tick! Tack!" deutlich hörbar. Er stellte sich die Frage, ob das Geräusch der kleinen Standuhr für Toni bereits so alltäglich geworden war, dass er es gar nicht mehr bewusst wahrnahm.

Toni saß lächelnd mit ihnen am Tisch. Nach einer Weile sagte er: „So, ihr drei kleine Naseweise habt also eine Clique gebildet und wollt nun nach dem verschwundenen Mädchen suchen. Gitti hat mir bereits die

Geschichte erzählt." Er machte eine Pause. Alle drei Kids sahen ihn an. „Sie hat mir auch geflüstert, dass ihr Jungs eine oder mehrere Fragen an mich habt."

Enrico senkte den Blick.

Samuel nickte, spülte den restlichen Speiseinhalt in seinem Mund mit Saft runter und sagte dann: „Genau! Ich möchte aber klarstellen, dass wir bereits nach der verschwundenen Frau suchen." Toni lachte.

„Du bist also der Wortführer von euch Naseweise."

Samuel errötete. „Na ja, Ihre Enkelin weiß schon genau, was sie will, und kann dies durchaus treffend mitteilen."

Der Großvater konnte sein Grinsen nicht unterdrücken. „Okay, dann stellt mal eure Fragen!"

„Sie haben doch früher als Journalist bei Gericht gearbeitet", begann Samuel.

„Ja."

„Daraus schließe ich, dass Sie auch Erfahrung in der Polizeiarbeit haben."

„Möglich."

„Ich, ähm, wir möchten gerne wissen, wie wir es am besten anstellen sollen, dass wir dem Mädchen auf die Spur kommen."

„Okay! Habt ihr schon etwas unternommen?"

„Ja und nein zugleich. Wir waren an der Bushaltestelle, wo sie das letzte Mal gesehen worden ist. Allerdings nicht zur selben Uhrzeit. Also, wir waren am Nachmittag dort und haben mit den Leuten gesprochen."

„Und ich habe einen neuen Freund gefunden", warf Enrico ein und knackste dabei mit seinen Fingern. Toni zog mit fragendem Blick eine Augenbraue hoch, blieb aber stumm.

„Ansonsten", fuhr Samuel fort, „haben wir keinen Anhaltspunkt."

„Nichts? Ihr habt sonst nichts?"

Alle drei schüttelten den Kopf.

„Ihr drei Naseweise! Was würdet ihr denn machen?"

„Ich würde mit den Angehörigen und den Zeugen sprechen, Opa!"

„Seht ihr, das ist der richtige Schritt. Aber das ist Polizeiaufgabe."

„Wir kennen keinen Angehörigen", meinte Samuel.

„Noch einmal: Das ist Polizeiarbeit und nichts für Zwölfjährige!", mahnte Toni eindringlich. Eine Pause entstand. Die Kids dachten nach. „Wie habt ihr euch das überhaupt vorgestellt? Ihr kommt einfach so daher, fragt hier ein bisschen, dort ein bisschen und dann zweimal links abgebogen steht die Frau vor euch? Ihr wisst ja gar nicht, wo ihr suchen sollt!"

Gitti, Samuel und Enrico schüttelten den Kopf.

„Vielleicht waren es die Marokkaner", fiel Enrico urplötzlich ein. Verwirrt blickte Toni ihn an.

„Die Marokkaner? Wie kommst du darauf?"

„Na ja ..." Enrico kratzte sich am Hinterkopf. „Neulich hatte meine Mama ein paar Freundinnen zu Kaffee und Kuchen eingeladen. Ich war da natürlich nicht dabei. Aber einmal bin ich ins Zimmer gegangen, da hat gerade eine Freundin von ihr gesagt, dass es in Innsbruck nicht mehr so ist wie früher. Man müsse sich wirklich fürchten vor den Marokkanern! Ein paar der anwesenden Damen haben ihr zugestimmt. Ich habe nichts gesagt, es fiel mir erst jetzt wieder ein."

„Aber bitte nicht so schnell mit den jungen Pferden. Und keine Pauschalverurteilungen! So kommt ihr nicht weiter." Bei Toni hatte sich eine Falte auf der Stirn gebildet.

Nachdem nun keine weitere Wortmeldung folgte, warf Samuel erneut die Frage auf: „Wie können wir dem Mädchen auf die Spur kommen?"

Toni kratzte sich an seinem Dreitagebart.

„Du lässt nicht locker, oder? Ich sage es dir noch einmal. Lasst die Polizei ihre Arbeit machen und hindert sie nicht daran! Oberstleutnant Bruckner, den ich sehr gut kenne, und seine Leute haben sicher alles fest im Griff." Eine Pause folgte, in der Samuel wieder das Ticken der Uhr auffiel.

„Opa? Ich muss mal auf die Toilette." Gitti sprang von ihrem Stuhl und verließ das Zimmer.

„Wahrscheinlich habt ihr noch niemandem erzählt, welches Ziel ihr euch gesetzt habt, oder?"

„Nein", war die gleichzeitige Antwort der Jungs.

„Dachte ich mir. Denn jeder normal denkende Mensch würde euch händeringend davon abraten, meine zwei kleinen Naseweise!"

Samuel begriff am schnellsten. „Wollen Sie uns überhaupt nicht helfen?"

„Zunächst einmal, ich habe bereits gesagt, dass ich der Toni bin. Und ja, ich will euch nicht helfen. Denn ihr seid zwölf Jahre alt. Zum Schluss glaubt einer von euch noch, einen Alleingang machen zu müssen. Was dann? Wenn ich daran denke, dass meiner Enkelin etwas passieren könnte, nur weil ich euch noch bei diesem aberwitzigen Unternehmen geholfen habe."

Gitti hatte die Tür leise angelehnt. Ihr war eine Idee gekommen. Sie war im Gang nicht nach links zur Toilette abgebogen, sondern schlich sich auf Zehenspitzen nach rechts ins Computerzimmer. So leise wie möglich ließ sie den Computer hochfahren. Es dauerte ein wenig, bis der Startbildschirm erschien. Gitti klickte das E-Mail-Programm an. Sie wusste, dass ihr Großvater keine Passwörter eingeben mochte. Sie hatte ihm geholfen, die Einstellungen so zu wählen, dass die Passwortabfrage nicht mehr erforderlich war. Hastig überflog sie die Namen im Posteingang. Der Name Bruckner war nicht darunter.

Gitti drückte auf „E-Mail schreiben". Sie gab in der ersten Zeile die Buchstaben „Bruck" ein und sogleich erschien die E-Mail-Adresse von einem Roland Bruckner. Gitti war bekannt, dass ihr Opa noch mit einigen von der Polizei Kontakt hatte, daher spekulierte sie, dass es die richtige Adresse war.

Sie tippte den Text „wichtige Frage" in die Betreffzeile. Doch dann wusste sie nicht, wie sie beginnen sollte. Waren Bruckner und ihr Opa per Sie? Oder per du? Sie entschied sich schließlich für eine neutrale Variante. Ihre Finger flogen über die Tastatur: „Hallo, ich bitte um einen kleinen Gefallen. Ich habe ein paar Fragen: Was ist dran an der Geschichte mit der verschwundenen Frau? Ist sie wirklich verschwunden? Wie heißt sie überhaupt und wer hat ihr Verschwinden gemeldet? Gibt es schon konkrete Spuren? Nach all den gemeinsam erlebten Geschichten hoffe ich auf eine rasche Antwort. Mit freundlichen Grüßen, Toni."

Gitti las sich den Text durch und schickte ihn schließlich ab. Genau in dem Moment hörte sie ihren Großvater ihren Namen rufen. Ungeduldig wartete sie auf die Meldung, dass die E-Mail verschickt sei. Als die Benachrichtigung endlich kam, hörte Gitti bereits Schritte auf dem Gang. Sie kamen eindeutig in ihre Richtung. Aus Zeitmangel schaltete sie den Computer direkt aus und sprang ans Fenster. Ein Kontrollblick blieb ihr nicht, denn kaum stand Gitti am Fenster, ging die Tür auf und ihr Großvater trat ins Zimmer.

„Da bist du ja! Ich habe mir schon Sorgen gemacht."

„Ich wollte nur ein bisschen in den Garten schauen. Ich bin traurig."

„Wieso denn?", fragte Toni überrascht.

„Na ja, ich hatte gehofft, du würdest uns helfen!"

„Gitti, sieh ein, das kann ich beim besten Willen nicht."

Gitti schnaufte tief durch. „Schon gut. Kann ich noch ein wenig mit meinen Freunden im Garten spielen?"

„Das geht sicher. Nur zu! Sie sitzen noch am Tisch."

Gemeinsam gingen sie zu den Jungs. Gitti unterbreitete ihren Vorschlag mit dem Spielen im Garten. Zögernd standen die beiden auf. Als sie im Garten ankamen, sagte Enrico: „Dein Opa ist echt voll nett, Gitti."

„Ja, nur schade, dass er uns nicht helfen will", ergänzte Samuel. Gitti stellte nun die Frage, was sie spielen wollen.

„Fußball!", riefen die Jungs gleichzeitig.

„Sicher nicht! Ich weiß etwas viel Besseres!" Gitti verschwand in einem kleinen Holzschuppen und kam kurz darauf zurück. Sie hielt etwas Weißes in der Hand. Sie reichte Samuel einen Teil und befahl ihm ein paar Schritte nach hinten zu gehen.

„Gummi hüpfen? Sag, fehlt´s dir ein bisschen? Das ist ein Mädchenspiel!" Enricos Entsetzen war echt.

„Ich bin ja auch ein Mädchen. Dieses Spiel ist genau das richtige für uns drei! Wer will schon Fußball spielen?!"

„Ich wette, bei einer Abstimmung bekäme Fußball hier die Mehrheit", konterte Enrico.

„Weil ihr Burschen seid! Sonst fällt euch nichts ein! Nur Ball treten. Nein! Hier spielen wir Gummi hüpfen. Mein Haus, mein Opa, meine Spiele!" Damit war die Diskussion beendet.

Samuel hatte bis jetzt geschwiegen. Er blickte sich immer wieder besorgt zur Gartentür um und fragte nach einer Weile: „Uns kann wohl hoffentlich keiner sehen von außen, oder sollten wir hinter das Haus gehen?"

„Wir hüpfen hier Gummi. Mir doch egal, ob uns jemand sieht! So, Enrico und Samuel, ihr steigt ins Gummi und stellt euch breitbeinig hin." Gitti begann zu springen und flüsterte dabei irgendwelche Worte. Die Jungs sahen stirnrunzelnd zu.

„Beschwörst du gerade den guten Geist des Gartens oder was machst du da?"

„Abwarten!" Gitti schnaufte durch. Sie sprang noch einmal bis auf Kniehöhe, und als die Jungs das Gummi bis zu den Oberschenkeln hochgezogen hatten und Gitti fertig war, sagte sie: „Kommt etwas näher, dann erkläre ich euch, wie es weiter geht!"

„Ganz großes Interesse", entgegnete Enrico etwas sarkastisch. Gitti blickte ihn böse an. Samuel und er traten näher. Gitti begann zu flüstern: „Ich habe dem Bruckner soeben eine E-Mail geschrieben!"

„Du kennst den?", fragte Samuel erstaunt.

Gitti erzählte, wie sie auf die Idee mit der E-Mail kam, und was sie geschrieben hatte. Die Jungs hörten gespannt zu. „Und wie geht es jetzt weiter?"

„Wir müssen die Antwort abwarten, Samuel. Und wir brauchen dann einen Plan", sagte Gitti.

Die drei tüftelten nun einen Plan aus, wie man Toni ablenken konnte, damit Gitti ins Haus gehen und die Antwort von Bruckner abrufen konnte. Dieser trat ein paar Momente später in den Garten.

„Gummi springen? Oh! Ich sehe, nach welcher Pfeife hier getanzt wird", kommentierte Toni, ehe er in lautes Gelächter ausbrach.

„Opa, die Jungs würden gerne deine Blumen sehen."

„Ja, bitte zeigen Sie sie uns! Gitti spricht im Biologieunterricht immer davon, was Sie nicht alles im Garten haben." Toni runzelte kurz die Stirn, entgegnete dann aber: „Kommt einfach mal mit!"

Kaum waren die drei im hinteren Teil des Gartens verschwunden, eilte Gitti ins Haus zurück, schaltete den Computer ein und bekam prompt die Rechnung für ihr hastiges Ausschalten. Auf dem Bildschirm tauchten Absätze mit unterschiedlichen Bedeutungen auf. Es dauerte, bis endlich der Startbildschirm erschien.

Gitti stieg sofort ins E-Mail-Programm ein. Zu ihrer großen Erleichterung hatte Bruckner bereits geantwortet. Sie öffnete die Mail und las sie aufmerksam durch: „Hallo Toni, wie lange willst du dein Wissen noch ausnutzen? Ich weiß, dass du mir mal aus dem Mist, den ich gebaut habe, rausgeholfen hast, aber die alte Geschichte sollte endlich einmal ruhen! Irene Grant ist tatsächlich verschwunden. Ihr Kollege aus der WG, Stefan Lustner, in der Bienerstraße kann sich nicht erklären, was passiert ist. Sie wollte laut seiner Aussage einfach nur ein bisschen in die Stadt fahren, den Kopf freibekommen. Er war es auch, der die Polizei informierte, als sie am nächsten Vormittag nicht zurückkam. Denn normalerweise rief sie immer kurz an oder schickte eine SMS, wenn sie über Nacht wegblieb. Einer der ersten Maßnahmen war diese kleine Annonce. Ein Mann hatte sich gemeldet, der angab, diese Dame gesehen zu haben. An der Bushaltestelle. Allerdings stieg sie laut ihm nicht in den Bus. Der Anrufer behauptete, dass sie, kurz bevor der Bus kam, in ein Auto stieg. In einen roten Golf. Das Kennzeichen hatte er nicht gesehen. Der Inhaber des Golfs hat sich noch nicht gemeldet. Anbei noch ein Bild von ihr. So, jetzt ist es aber genug, und lass die alte Geschichte ruhen! Viele Grüße, Roland."

Gitti druckte die E-Mail aus. Knarrend kam der Drucker in Gang. Nach und nach kam der Zettel heraus. In der Zwischenzeit öffnete sie die mitgeschickte Datei. Eine blonde Dame lachte keck in die Kamera. Sie hob ein Glas Sekt und prostete einem Unbekannten zu. Auch das Bild lud Gitti herunter und druckte es aus. Der ganze Vorgang dauerte ihr aber zu lange. Als das Bild endlich aus dem Drucker kam, faltete sie beide Blätter und ließ sie in der Hosentasche verschwinden. Danach löschte Gitti sowohl die gesendete als auch die erhaltene E-Mail. Sie verschob das Bild in den Papierkorb, löschte es endgültig, fuhr den Rechner herunter und eilte zurück in den Garten. Sie trat gerade zu den Jungs, als Toni am Ende des Beets angelangt war. Unauffällig deutete sie mit dem Daumen nach oben.

„So, meine kleinen Naseweise, was wollt ihr nun tun?"

„Gute Frage. Ich habe keine Ahnung", sagte Enrico. „Wie spät ist es?"

„Bald um vier, warum?"

„Ich, entschuldige Toni, wir müssen sofort weg!"

„Ich muss selbst weg, aber ihr könntet doch noch im Garten ein wenig spielen.

Enrico sprang auf: „Was? Nochmal mit dem Gummi rumspringen? Nein, wir müssen wirklich weg! Wir sind um vier bei Klaus eingeladen."

Die Kids liefen auf die Straße. Bei dem Lebensmittelgeschäft, wo sie sich heute getroffen hatten, blieben sie stehen.

„So viel wollte ich über Blumen nie wissen", sagte Samuel.

Gitti grinste und zog die Zettel heraus. Enrico versuchte, sich das Gesicht genau einzuprägen. Als seine zwei Freunde lachten, blickte er kurz auf.

„Du blickst auf das Foto, als wäre es ein 3D Bild", meinte Gitti.

Enrico gab das Foto weiter. Er schloss die Augen und versuchte, das Bild immer wieder vor seinem geistigen Auge erscheinen zu lassen. Dann sah er Gitti an und grinste. „Was ist?", fragte sie.

„Du, wir haben gesagt, keine Alleingänge. Müssen Samuel und ich jetzt entscheiden, ob du dabeibleiben darfst?" Die Jungs kicherten, Gitti quittierte das mit einer hochgezogenen Augenbraue.

„Gern geschehen!"

Premierenbefragung

Sie machten sich schweigsam auf den Weg. Doch keine paar Meter weiter platzte Gitti heraus: „Also, ich glaube es nicht! Die Frau ist tatsächlich verschwunden! Und sie ist bis dato nicht aufgetaucht. Also, wir haben einen echten Fall!"

„Das sehe ich auch so. Aber warum hattest du es auf einmal so eilig, Sam?"

„Na ja!" Samuel war ganz aufgeregt. „Endlich haben wir eine Spur! Endlich können wir anfangen zu ermitteln!"

„Was willst du machen, Samuel?", erkundigte sich Gitti.

„Na, mit dem Lustner sprechen."

„Glaubst du, die Polizei hatte nach der Anzeige von dem Lustner nicht die gleiche Idee?"

„Doch schon, aber uns fehlen noch andere Puzzleteile!" Gitti und Enrico blickten skeptisch.

„Ich weiß nicht, Sam", entgegnete Enrico.

Samuel blieb stehen. „Habt ihr eine bessere Idee?"

Enrico schaute zu Boden, Gitti schüttelte den Kopf.

„Also dann, los!"

Sie eilten in die Bienerstraße. Als sie bei der ersten Haustür ankamen, studierten sie die Namensschilder der Mietparteien. Allerdings fanden sie weder den Namen Lustner noch Grant. Die Kids beratschlagten, was nun zu tun sei. Schließlich vereinbarten sie, dass Samuel bei der Haustür stehen bleiben sollte. Mit etwas Glück würde die Tür entweder von innen oder bei der Heimkehr eines Bewohners aufgehen. Gitti und Enrico würden sich die Namen neben den Klingeln in den benachbarten Häusern ansehen. Drei Häuser weit waren die beiden gekommen, ehe Samuel wild gestikulierend ihre Namen rief.

Eine Dame war nach Hause gekommen. Samuel hatte die Tür einen Spalt offen gehalten. Nun schlüpften alle drei ins Haus. Sie stapften die Stiegen nach oben. Bei jeder Tür lasen sie die Namen an den Türschildern. Im zweiten Stock stand weder ein Name an der Tür noch neben der Klingel. Sie überlegten, ob sie läuten sollen. Doch Enrico drängte seine Kollegen, noch bis ganz nach oben zu gehen. Wenn man nicht fündig werden würde, könnte man immer noch hier läuten, argumentierte er. Und Enrico sollte recht behalten. Im vierten Stock, der Dachgeschosswohnung, standen an der Tür die Namen Irene und Stefan.

„Also, wo sollen wir nun läuten? Hier oder im zweiten Stock?", fragte Gitti.

„Ich bin für hier", sagte Enrico.

„Ich würde zuerst im zweiten Stock läuten", meinte Samuel.

„Oh weh", resümierte Gitti, „es steht eins zu eins!"

Die Jungs blickten Gitti an.

„Auf deine Stimme kommt es an", sagte Enrico.

Gitti atmete kurz durch.

„Ich würde", sie legte eine Pause ein, „hier läuten."

„Bäm! Sam!" Enrico grinste und drückte den Klingelknopf. Kurze Zeit später hörten sie, wie sich von innen Schritte näherten. Ein Schlüssel wurde umgedreht. Vor ihnen stand ein Mann, der mittelgroß war und einen Jogginganzug trug. Er blickte die drei an, sagte aber nichts.

Samuel brach schließlich das Schweigen: „Sind Sie Stefan Lustner?" Eine Pause entstand.

„Wer will das wissen?"

„Wir sind ..., wir wissen", stammelte Samuel.

„Wir sind hier, um mit Ihnen über Irene Grant zu sprechen", übernahm Gitti das Wort.

Zwei, drei Sekunden vergingen.

„Was soll das?"

„Also wohnt Irene Grant hier. Und Sie haben Anzeige erstattet", stellte Gitti fest.

„Haben Sie davor gecheckt, ob alles passt? Haben Sie sie versucht anzurufen?", wollte Enrico wissen.

Lustner schwieg. Er zupfte an seinem T-Shirt. „Habe ich der Polizei schon gesagt. Sonst noch was?"

„Fahren Sie einen roten Golf?", fragte Gitti.

„Das geht dich gar nichts ..." Nach einer kurzen Pause, in der Lustner sich mit dem Handrücken die Schweißperlen von der Stirn wischte, fuhr er fort: „Nein, ich habe kein Auto."

„Ihre ersten Worte haben aber auf etwas anderes hingedeutet. Also fahren Sie nun einen Golf oder nicht? Vielleicht hat Ihre Mutter ja einen, den Sie sich ausgeborgt haben."

„Was seid ihr? Der Jugenddetektivclub? Ihr nervt!"

„Ich frage ...", begann Enrico gerade, als die Tür mit Schwung ins Schloss befördert wurde. Gitti, Samuel und

Enrico klingelten noch einmal, doch im Inneren rührte sich nichts. Auch auf Enricos Klopfen gab es keine Reaktion. Irgendwann zogen die drei davon. Sie schlenderten gemächlich die Treppen hinunter, ohne sich noch einmal umzudrehen. Vor der Haustür blieben sie stehen.

Stefan Lustner hatte sich indes keinen Zentimeter von der Tür fortbewegt. Vorsichtig hatte er den Spion geöffnet und die Szenerie beobachtet. Inzwischen war ihm der Schweiß erneut ausgebrochen und lief über seine Wangen. Der mit den schwarzen Locken, der Größte, hatte den Klingelknopf erneut gedrückt. Leise zählte Lustner bis zehn, ehe er zum Fenster ging. Vorsichtig lugte er nach unten. Er glaubte, die schwarze Mähne des Mädchens gesehen zu haben. Vermutlich standen sie gerade im Kreis und entwickelten Verschwörungstheorien. Stefan Lustner nahm sein Handy und tippte eine SMS ein: „Hatte gerade unerwarteten Besuch von drei Jugendlichen. Die haben sich nach dem Verschwinden von Irene und nach dem roten Golf erkundigt. Was ist da los?" Nochmal sah er auf die Straße hinunter. Er konnte aber niemanden sehen. Also öffnete er das Fenster, beugte sich nach draußen und vergewisserte sich in alle Richtungen. Doch die Kinder waren verschwunden. Tatsächlich aber standen Samuel, Enrico und Gitti im Schatten der Hausmauer und resümierten ihre erste Befragung.

„Das war schon wieder ein Reinfall. Befragungen liegen uns nicht", jammerte Samuel. „Beim ersten Mal hat Enrico fast Prügel kassiert. Und jetzt haben wir auch nichts erfahren."

„Sam, ruhig Blut! Ich bin gegenteiliger Meinung! Ich finde, wir haben sehr viel erfahren. Erstens bin ich fast sicher, dass der Kerl ein rotes Auto hat. Er hat sich quasi verplappert. Und meinen Freund treffe ich garantiert wieder. Ende aus! Er kommt uns nicht so leicht davon!"

„Dafür, dass wir keine Profis sind, war das gar nicht so schlecht! Dieser Stefan Lustner hat mit Sicherheit etwas zu verbergen", meinte auch Gitti. „Wie geht es nun weiter? Was machen wir als Nächstes?"

„Sorry Leute, ich muss los! Ich schlage vor, wir treffen uns morgen wieder. Schillerpark, drei Uhr?" Samuel sah fragend in die Runde.

„Ja, passt! Bis dann", sagten Enrico und Gitti nahezu gleichzeitig und mussten darüber lachen. Alle drei liefen in unterschiedliche Richtungen davon.

In der Wohnung hatte Stefan Lustner ein Glas Wasser getrunken. Endlich vibrierte sein Handy. Er las die Antwort zwei Mal durch: „Wo kommen denn plötzlich die depperten Nachwuchspolizisten her? Halt durch! Es läuft bis jetzt alles nach Plan, da werden uns doch diese paar Kids nicht aufhalten. Ruhig bleiben! Wir legen eine Pause von einem Tag ein, aber dann geht alles wie besprochen weiter."

Irgendwo

Sie wachte wieder auf. Wie lange sie dieses Mal geschlafen hatte, wusste sie nicht. Langsam kehrten auch ihre Gedanken zurück ins Hier und Jetzt. Sie erinnerte sich daran, dass sie beten wollte. Erneut schickte sie einen kurzen, deftigen Gruß an Pater Anton und sein Unvermögen, Religion zu lehren. Danach nahm sie ihre gesamte Konzentration zusammen. Doch statt eines Gebets stieg ein neues Gefühl in ihr hoch. Und dieses Gefühl ließ sie für kurze Zeit alles andere vergessen. Um danach gleich in Panik zu verfallen. Ihre Blase meldete sich. Sie musste auf die Toilette. – Ob es hier irgendwo eine Toilette gab? Für wenige Momente vergaß sie ihre Gliederschmerzen. Sie kauerte sich auf ihre Knie. Ihr Atem ging schnell. Sie musste innehalten, um wieder genug Luft zu bekommen. Unerwartet plätscherten die Worte aus ihrem Mund: „Lieber Gott, ich weiß, ich bete nicht oft und bin sehr selten in der Kirche gewesen, in dem sogenannten Haus Gottes. Aber nun wende ich mich mit einer kleinen Bitte an dich. Ich kann dir jetzt nicht versprechen, dass ich öfter bete oder zu Gottesdiensten gehe, wir beide wissen ohnehin, dass es nicht so sein wird, aber ich werde mir

Mühe geben. Vielleicht sehen wir uns demnächst. Wenn ich diese Situation nicht überlebe, bin ich eh bald bei dir im Himmel. Ich habe wirklich nur diese eine Bitte: Bitte, bitte lass mich bald eine Tür finden und dahinter eine Toilette! Bitte! Es heißt doch, du bist ein gütiger, gnädiger Gott." Sie begann zu weinen. „Bitte sei gnädig zu mir!"

Kaum dass sie ihre Bitte ausgesprochen hatte, richtete sie sich auf und tastete die Wand ab. Ihr Körper schien vor Schmerzen zu bersten, aber sie ignorierte ihr Leiden. Millimeter für Millimeter ging es voran. Rechte Hand, linke Hand, rechtes Knie, linkes Knie. Es war mühsam. Ein Bild tauchte in ihrem Kopf auf. Ein kleines Licht erschien am Ende eines Tunnels. Der Tunnel schien lang und dunkel zu sein, aber am Ende war dieses hoffnungsvolle Licht. Für sie war dieses Licht gleichbedeutend mit einer Tür.

Immer weiter kroch sie vorwärts. Rechte Hand, linke Hand, rechtes Knie ... Doch diesmal fand ihr Knie keinen Halt. Sie verlor das Gleichgewicht und prallte Sekunden später auf harten Grund. Beim Aufschlag verletzte sie sich zusätzlich am Ellbogen. Völlig verdreht kam sie zum Liegen. Hilflos versuchte sie, sich wieder in eine normale Position zu bringen. Da geschah das nächste Unglück. Zunächst bemerkte sie nur ein warmes Gefühl in der Körpermitte. Dann verspürte sie ein Nässegefühl in der Hose. Zugleich stieg eine bittere Gewissheit in ihr auf: Sie hatte ihre Blase entleert. Hier mitten im Raum. Hier im ... Wo war sie überhaupt? Wie kam sie hier her? Warum waren die Leute so eiskalt zu ihr und ließen sie hier im Dunkeln elendig verrecken? Wem hatte sie etwas getan und warum? Die entleerte Blase war der Gipfel der Demütigung. Mit Wut, Kummer und einem Gefühl der Hilflosigkeit schlief sie schließlich ein.

Das Nächste, was sie mitbekam, waren Stimmen. Ein Mann und eine Frau redeten durcheinander. Sie konnte nicht genau verstehen, um was es ging, aber die Stimmen schienen näher zu kommen. Waren das ihre Entführer? Oder ihre Befreier? Waren es Polizisten? Und während sie sich noch mit diesen Gedanken beschäftigte, öffnete sich eine Tür.

„Siehst du, ich habe es dir doch gesagt! Ich habe kein falsches Geräusch gehört."

„Schon gut, schon gut", wiegelte der Mann ab. Mit einer Taschenlampe leuchtete er den Raum ab. Am Boden entdeckte er sie. „Aber Mädchen, was machst du denn? Um Gottes Willen, hat sie in die Hose gepisst?"

Der Lichtstrahl blendete sie. Sie konnte ihre Augen nicht öffnen. Die Worte des Mannes hatten sie in Panik versetzt. Die Frau kommentierte die Situation permanent mit: „Nein! Nein! Nein!"

Was wollten die beiden nur? Die Frau zog ihr die Hose aus. Jetzt wurde die Peinlichkeit noch eine Stufe erhöht.

Das überstieg das Maß des Erträglichen, wütend schlug sie um sich. Der Mann packte sie an den Handgelenken und riss ihre Arme nach oben. Die Frau zerrte an ihren Fußgelenken. Sie wurde hochgehoben und wieder hingelegt. Dabei hielt der Mann sie fest umklammert und drückte ihren Körper fest auf ein Bett. Die Frau zog ihr trockene Sachen an, die sie wenige Minuten zuvor aus dem Raum hinter der offenen Tür geholt hatte.

„Was ist mit dir los? Was machst du denn? Bald hast du es überstanden. Alles wird gut!" Die Frau versuchte, sie etwas aufzumuntern. „Möchtest du ein bisschen Suppe?" Sie hielt ihr einen Löffel an die Lippen. Demonstrativ presste sie diese aufeinander.

„Mach den Mund auf! Die Suppe wird dir gut tun, es ist Tomatensuppe. Die magst du doch, oder?"

Sie drehte den Kopf zur Seite und presste die Lippen weiterhin aufeinander. Nach zwei weiteren vergeblichen Versuchen gab die Frau auf. „Gut, wenn du nicht willst. Ich habe dir frisches Wasser gebracht, das lasse ich hier stehen."

Der Mann und die Frau gingen, und sie war wieder allein. Abermals fing sie zu weinen an. Was hatte die Frau gesagt? Bald hätte sie es überstanden. Was sollte das heißen? Was hatten diese Leute mit ihr vor? Während sie über all diese Fragen brütete, schlief sie erneut ein.

Ein weiterer Schritt

Der nächste Tag kam nur langsam in Schwung. Graue Wolken ließen das Tageslicht kaum durch. Zudem hatte es in der Nacht geregnet, die Straßen waren nass. Von den Bäumen gefallene Blätter klebten regelrecht am Asphalt. Dies änderte sich auch bis zur dritten Stunde nicht. Als die Schulglocke zur großen Pause läutete, trieb die Lehrerin ihre Klasse trotzdem in den Pausenhof. Enrico zog sich gerade den Reißverschluss seiner Jacke zu, als sein Mitschüler Julian Moser ihm von hinten auf die Schulter schlug.

„Na, Enrico, wirst du jetzt auch mit den Mädchen Gummi springen? Gestern hast du ja schon einmal ziemlich trainiert!"

Enrico sah ihn nur verdutzt an. Sein: „Spionierst du mir nach, du Spinner?!" ging im schallenden Gelächter der Umstehenden unter. Enrico stellte sich in eine Ecke und kaute sein Pausenbrot. Dabei ließ er seinen Gedanken freien Lauf. Im Areal einer anderen Schule stand Gitti in der großen Pause ebenfalls herum, und zwar in der Innenseite eines Gummis. Sie hatte eine Wahl verloren und musste nun darauf hoffen, dass ihre Mitschülerin, die gerade sprang, einen Fehler machte. Doch sie achtete nicht weiter auf die Springende, sondern sondierte wie Enrico ihre Gedanken. Samuel war auch völlig in seine

Gedankenwelt versunken. Er lehnte an einem Baum und ließ den allgemeinen Trubel unbeachtet. Die anderen Jungs aus seiner Klasse jagten einem Fußball hinterher. Immer wieder dachte er an die gestrige kurze Befragung von Stefan Lustner. Inzwischen glaubte auch Samuel, dass die Aktion kein totaler Fehlschlag war. Doch die Frage blieb offen, wie sie weiter vorgehen sollten. Lustner würde ihnen nicht noch einmal die Tür öffnen. Und selbst wenn, würde er ihnen keine Auskunft mehr geben. Also zurück zum Start.

Als Enrico, Gitti und Samuel sich um 15:00 Uhr im Schillerpark trafen, hatten sie zwar viel nachgedacht, doch keiner hatte eine zündende Idee. Dementsprechend saßen sie auch etwas niedergeschlagen auf der Bank und rätselten über das weitere Vorgehen. So verging eine halbe Stunde, in der sie eher das gestrige Gespräch mit Lustner Revue passieren ließen. Sie waren sich einig, dass Stefan Lustner mit ihnen kein Wort mehr sprechen würde. Also blieb ihnen nur noch ein kleiner Hinweis: der rote Golf.

Gitti wandte mit Recht ein, dass es schwierig sein wird, diesen zu finden. „Es gibt vermutlich unzählige Golfe, davon sind mit Sicherheit einige rot. Aber wir haben weder Kennzeichen noch Teile davon."

Enrico, Samuel und Gitti hingen wieder ihren Gedanken nach. Es war schließlich Samuel, der den rettenden Einfall hatte.

„Ich hab´s!", rief er. Die zwei anderen blickten auf. „Meine Oma sagt immer: ‚Samuel, mach aus wenig viel!' Oder so ähnlich. Wir haben etwas übersehen. Wir haben nicht ein, sondern zwei Dinge. Diese können wir kombinieren und vielleicht so den nächsten Schritt machen."

„Werd' konkret Sam und laber hier nicht rum!"

„Okay! Enrico, Gitti, was haben wir?" Er beantwortete seine Frage gleich selbst. „Wir haben den roten Golf, und was noch?" Die beiden anderen schwiegen. „Wir haben den Namen Lustner. Diese zwei Dinge könnten wir kombinieren."

„Ja, das ist schon klar! Aber wie wir bereits fünfzig Mal angemerkt, lamentiert und diskutiert haben, wird Stefan Lustner nicht mehr mit uns sprechen."

Samuel kicherte. „Ich will auch gar nicht mit ihm sprechen. Aber es gibt ein Buch, wo man vielleicht nicht nur den Stefan Lustner finden wird. Vielleicht gibt es noch andere Lustner, mit denen wir sprechen können."

„Na ja, Sam, du weißt aber schon, dass nicht mehr alle Menschen im Telefonbuch stehen", merkte Enrico an.

„Ich gebe Samuel recht", mischte sich Gitti hier nun ein. „Wir haben wirklich nicht viel, aber das wäre einen Versuch wert. Wir können nur überrascht werden, um es positiv zu formulieren."

Sie machten sich auf den Weg in die Claudiastraße. Dort angekommen ärgerten sie sich erstmal gehörig, denn in der linken Telefonzelle hatte irgendein Witzbold den Hörer abgerissen.

„Es gibt wirklich Idioten auf dieser Welt!", schimpfte Samuel.

Aber die Kids wollten primär einen Blick ins Telefonbuch werfen. Samuel nahm es heraus und begann darin zu blättern. Auch hier hatte der Vandalismus nicht haltgemacht. Etliche Seiten fehlten. Aber der Buchstabe L war zumindest auf den ersten Blick vollständig.

Samuel begann vorzulesen: „Lueger, Lugger, Luckner." Er blätterte noch einmal um. „Ah, da ist es ja: Lustner. Ein Stefan Lustner steht gar nicht im Telefonbuch. Grad zur Info: Es gibt überhaupt nur drei Einträge. In Innsbruck wohnen eine Elisa Lustner, ein Egon und ein Heinz Lustner. Heinz und Elisa wohnen zusammen. Ihre Adresse ist der Leonhardweg 17. Weiß jemand von euch, wo das ist?"

Gitti schüttelte den Kopf und Enrico grinste übers ganze Gesicht.

„Ja, ich weiß es. Der Weg ist in Innsbruck." Nachdem er das gesagt hatte, fing er zu lachen an.

„Klugscheißer", meinte Samuel, konnte sich ein Grinsen aber auch nicht verkneifen. „Der Egon Lustner wohnt in der Schützenstraße 62."

„Die ist im Olympischen Dorf", teilte Gitti mit. „Was wollen wir denn erfahren?"

„Das ist doch klar!", meinte Samuel. „Ob sie einerseits mit Stefan Lustner verwandt sind und andererseits einen roten Golf fahren."

„Okay! Nun die Preisfrage: Wer ruft an?", fragte Gitti.

„Ich nicht!", schrien die Jungs wie aus einer Kehle.

„Gitti soll anrufen! Sie ist ein Mädchen und hat eine weibliche Stimme, und der kann man nichts abschlagen", meinte Samuel.

„Ich finde", Gitti sah Enrico an, „du solltest anrufen. Du hast den meisten Mut und kannst schnell reagieren."

„Meinst du das wirklich?" Enrico kickte mit seinem Fuß verlegen einen nicht vorhandenen Stein weg.

„Gut", stimmte Samuel zu. Und diese drei Buchstaben bugsierten Enrico ins Hier und Jetzt zurück.

„Was? Also, nein! Ich finde, Samuel sollte anrufen. Es war seine Idee. Er weiß am besten, was wir bezwecken wollen. Hat er doch gerade unter Beweis gestellt."

„Also, ich fasse zusammen: Samuel will, dass ich anrufe. Ich finde, Enrico wäre der beste Anrufer. Und er plädiert wiederum für Samuel. Somit ist jeder einmal genannt worden. Eine klassische Pattsituation."

„Pattsituation und plädiert", äffte Samuel Gitti nach. „Du liest eindeutig zu viele Bücher!"

„Pah, lies du doch einmal etwas mehr und beschwere dich nicht! An deiner Stelle würde ich beim Thema Streber still sein." Dieser Seitenhieb hatte gesessen. Samuel errötete und Enrico bekam Schnappatmung vor lauter Lachen.

„Klarer Fall. Eins zu null für sie", presste er zwischen zwei Lachern hervor.

Sobald sich seine Atmung langsam wieder normalisiert hatte, fügte er einen konstruktiven Vorschlag hinzu: „Warum spielen wir nicht das bekannte Schnick-Schnack-Schnuck?"

„Welche Spielregeln?", fragte Samuel, der über die Ablenkung sichtlich froh war.

Die Jungs blickten Gitti an.

„Was ist?"

„Plädieren Sie für uns, gnädigstes Fräulein, damit keine Pattsituation entsteht?" Enrico versuchte, wie ein mittelalterlicher Sprecher zu klingen.

„Ihr seid blöd! Aber da Jungs ja generell nichts alleine auf die Reihe kriegen, schlage ich vor ..." Im Geiste überschlug sie zwei, drei Sachen und fuhr dann fort: „Okay, die üblichen Regeln. Stein zerstört Schere, Schere schneidet Papier und Papier umwickelt Stein. Wir spielen eins gegen eins, bis einer der Spielenden drei Mal gewonnen hat. Jeder gegen jeden. Ich fange gegen Enrico an, dann spielt Samuel gegen Enrico und schließlich ich gegen Samuel."

„Was ist, wenn alle einmal gewinnen und einmal verlieren?", fragte Samuel.

„Dann müssen wir, dann werden wir ..." Gitti überlegte. „Dann machen wir eine Liste mit den meisten gewonnen Punkten und den wenigsten verlorenen."

Enrico verlor seine Duelle und wurde nun nervös.

„Was soll ich denn sagen?", fragte er zerknirscht. Die drei diskutierten die unterschiedlichsten Möglichkeiten, um an Informationen zu kommen. Zwanzig Minuten später, Enrico und Gitti hatten bereits drei Mal das Gespräch geprobt, rief Enrico an.

„Hallo?!", meldete sich eine weibliche Stimme.

„Grüß Gott. Mit wem spreche ich?"

„Lustner!"

„Grüß Gott, Frau Lustner, mein Name ist Enrico."

„Bitte?"

„Ich besuche das Gymnasium und wir machen bei einem landesweiten Wettbewerb mit. Es geht darum herauszufinden, welche Automarke bei den Innsbruckern am beliebtesten ist. Daher meine Frage: Haben Sie ein Auto?"

„Nein, ich habe kein Auto. Aber mein Mann hat eins. Es ist ein Peugeot."

„Welche Farbe hat Ihr Auto?"

„Rotbraun."

„Gut, ich habe alles notiert. Haben Sie Kinder, die auch Autos haben?"

„Ja und nein. Wir haben einen Sohn, der heißt Stefan. Aber der hat kein Auto."

Enrico fiel fast der Hörer aus der Hand. Das war zwar ein Volltreffer, aber auch wieder total daneben.

„Ja, dann bedanke ich mich bei Ihnen."

„Bitte."

„Wiederhören."

Enrico hängte ein und schnaufte tief durch.

„Super!"

„Gut gemacht." Samuel und Gitti klopften dem dritten Mitglied auf die Schulter.

„Au! Ja! Passt schon. Danke!"

„Sollten wir öfter telefonieren müssen, du hast dich soeben qualifiziert." Gittis Lob schmeckte Enrico sehr.

„Bei all der Euphorie, die ja berechtigt ist, aber wie machen wir nun weiter? Wir kommen keinen Zentimeter vorwärts", klagte Samuel.

„Das sehe ich anders, Sam. Nur weil er selbst keinen Wagen hat, heißt das ja nicht, dass er sich nicht ein Auto hat ausleihen können. Außerdem kennen wir jetzt seine Eltern."

Nach einiger Zeit der Stille schlug sich Gitti die Hand auf die Stirn. „Ganz klar!"

„Was ist?"

„Wie hat deine Großmutter gesagt: ‚Mach aus wenig viel'? Wir haben noch eine Info. Die Verschwundene heißt Grant. Vielleicht fährt da jemand einen roten Golf. Es ist der letzte Strohhalm. Ansonsten kann uns nur der

Zufall helfen." Abermals suchten sie im Telefonbuch. Unter dem Namen Grant standen elf Personen aufgelistet. Eine Irene war nicht dabei. Los ging es mit Anton Grant, Christian, Elisabeth, Günther, Ludwig, Marcel, Monika, Norbert, Paul, Pia und Roland.

„Da kommt Arbeit auf dich zu", grinste Samuel in Enricos Richtung. „Wir melden uns mit derselben Geschichte wie bei Lustner."

Sie kramten ihr ganzes Kleingeld heraus. Das vorhandene Geld würde für maximal zwei Anrufe reichen. Sie überprüften die Adressen. Insgesamt neun verschiedene Anschriften waren aufgelistet. Pia und Monika wohnten bei Ludwig beziehungsweise Günther.

Gitti, Samuel und Enrico einigten sich darauf, diese Herrschaften anzurufen. Bei Pia und Ludwig hatten sie keinen Erfolg. Es nahm niemand ab. Bei Enricos drittem Anruf an diesem Nachmittag hob ein Mann ab. Dieser erklärte, er würde einen Citröen fahren und seine Frau Monika einen Toyota. Die Autos seien beide silbern.

„Haben Sie Kinder, die womöglich auch Autos besitzen?" Der Angerufene erklärte, dass seine Tochter Irene kein Auto habe. „Früher hat sie sich hin und wieder eins von einem Freund ausgeliehen. Einen roten Golf. Heute leiht sie sich meistens das Auto meiner Frau."

„Ein roter Golf?!", schrie Enrico ins Telefon.

„Ja, wieso? Ist das so ungewöhnlich?"

„Nein, nein, überhaupt nicht! Danke für Ihre Zeit." Enrico hängte ein.

Das war eine Neuigkeit. Irene Grant kannte also jemanden, der einen roten Golf fuhr und ihn sich früher auch ab und an ausgeliehen hat. Die drei waren aufgeregt. War ihr Entführer ein ehemaliger Bekannter? Das würde nun auch erklären, warum sie zu ihm ins Auto gestiegen war. Hatten sie dann Streit?

Mit glühendem Eifer diskutierten sie das weitere Vorgehen. Schließlich einigten sie sich darauf, dass diese Neuigkeit Anlass war, doch noch einmal mit Stefan Lustner zu sprechen. Allerdings erst am nächsten Tag, Gitti musste nach Hause. Sie vereinbarten Treff- und Zeitpunkt und gingen auseinander.

Der Vertrag

Als Kobler und Katja seine Wohnung betreten hatten, erkundigte er sich, ob sie noch ein Gläschen Wein trinken wolle. Nachdem der Rotwein serviert war, setzte er sich neben sie auf die Couch. Sie stießen mit den Weingläsern an. Nach einem Schluck stellte Katja ihr Glas ab.

„Joe, ich muss mit dir reden", sagte sie.

„Das Reden kann warten", säuselte er, mit den Gedanken schon ganz woanders.

Sie holte ihn in die Gegenwart zurück.

„Im Ernst, Joe! Was ich zu sagen habe, ist von äußerster Wichtigkeit!"

Was Johannes Kobler in den folgenden Minuten zu hören bekam, sollte sein Leben verändern.

„Ich habe es so eingerichtet, dass wir uns in der Bar scheinbar zufällig trafen. Es war reine Berechnung. Du bist schon seit einem Monat auf unserem Radar. Wir wissen alles über dich. Wir sind dir gefolgt wie dein eigener Schatten. Inzwischen kennen wir dich wahrscheinlich besser, als du dich selbst kennst. Wir wissen, was du machst, wen du triffst, ja ich würde die Wette eingehen, dir sagen zu können, wann du den letzten Stuhlgang gehabt hast."

Joe saß fassungslos auf der Couch. Dutzende Fragen jagten durch seine Hirnwindungen.

„Wer ist ‚wir'? Und warum?", waren jedoch die einzigen Fragen, die es aus seinem Mund schafften.

„Die eine Frage ist leicht. Wir, das sind ich und der Chef. Er arbeitet im Hintergrund und wird auch dort bleiben. Der einzige Kontakt bei dieser Sache bin ich, nur ich! Sonst niemand!"

„Bei welcher Sache?"

„Gut, dass du fragst. Hör zu! Wir haben dich ausgesucht, weil du der beste Mann für den Job bist. Du musst nur weiterhin machen, was du früher auch schon so oft gemacht hast. Mit anderen Worten: Du machst das, was du am besten kannst, zum Beruf." Katja ließ die Worte im Raum schweben, ehe sie über ihre Wortwahl lächelte.

„Was meinst du genau?", fragte Kobler konsterniert. Die Fragezeichen standen ihm förmlich ins Gesicht geschrieben.

„Joe, du vergisst, dass wir dich kennen! Brauchst dich jetzt gar nicht zu verstellen." Katja legte eine Pause ein. „Wir wissen, auf welche Art und Weise du einkaufen gehst. Es war echt lustig zu beobachten, wie du im Kaufhaus nervös gewesen bist. Das war eigentlich nur ein Test. Oh, mein Gott! Die ganze Zeit über hast du förmlich wie auf Nadeln gesessen. Es war total lustig. Hast ständig deine Umgebung abgesucht. Und erst deine scheinheiligen Ausflüchte, warum du gehen müsstest."

„Scheinbar habe ich ja bestanden", knurrte Kobler, der sich einfach nur verarscht fühlte.

„Na ja, sagen wir mal so: Deine Methode, die Lebensmittel zu stehlen, ist einfach gut ausgeklügelt."

„So gut kann sie gar nicht sein, wenn ihr sie durchschaut habt", echauffierte er sich.

„Trotzdem ist sie es. Denn Menschen, die einfach nur ihres Weges gehen, kommen nicht dahinter, wie du das machst."

Johannes Kobler schwieg.

„Also hast du Interesse oder nicht? Wenn nicht, dann gehe ich jetzt zur Tür und wir sehen uns nie wieder."

„Warte mal!" Kobler rieb seinen rechten Daumen am Mittelfinger.

Jetzt habe ich dich dort, wo ich dich haben wollte, dachte sich Katja. Somit war Phase eins vorbei. Nun kam Phase zwei. Auch dafür hatten sie eine Strategie erarbeitet. Katja setzte ein Gesicht auf, als würde sie angestrengt nachdenken.

„Puh!", stöhnte sie. „Das ist knifflig. Du als Meister deines Faches, wie viel hättest du dir denn vorgestellt?" Nun war es Kobler, der in der Tat nachdachte. Sie sah ihm an den Augen an, wie angestrengt er Zahlen überschlug.

„Na ja, tausend mit zusätzlicher Risikozulage müssten es schon sein!"

„Tausend Euro?", wiederholte Katja ein wenig gespielt und ein wenig verwundert. Katja und der Chef waren bei den Besprechungen davon ausgegangen, dass Kobler gierig werden würde. Deshalb hatten sie weitaus höher budgetiert. Trotzdem blieb Katja in ihrer Rolle.

„Tausend Euro, das ist eine hohe Summe."

„Mach dir keinen Kopf!" Kobler winkte ab. „Da finden wir was. Meine Aufgabe?"

„Habe ich dir doch schon gesagt! Wenn wir es wollen, holst du für uns Lebensmittel, aber auf deine Weise."

„Lebensmittel? Hä? Willst du sparen?" Johannes Koblers Verwirrung war echt.

„Du besorgst sie uns!" Beim Wort „besorgst" malte sie mit zwei Fingern Gänsefüßchen in die Luft. „Du erfährst von uns via SMS, was wir genau benötigen. Dann musst du alles stehen und liegen lassen und unseren Auftrag ausführen. Im Anschluss bringst du sie in deinen Keller. Dort hole ich die Sachen ab."

„In meinen Keller? Wie kommst du in meinen Keller?"

„Du gibst mir einfach deinen zweiten Schlüssel. Ganz legal."

„Aha, okay! Aber wofür brauchst du Lebensmittel im Keller?"

„Zuerst klären wir das Drumherum, dann die Details. Also bist du jetzt dabei?"

„Sicher, mein Täubchen."

„Sag nie Kosenamen zu mir! Ich hasse das! Und glaube mir, du willst nie erfahren, was passiert, wenn sich mein Hass entlädt. Der Letzte, der mich herausgefordert hat, hat jetzt andere Probleme."

Johannes Kobler wollte sich gar nicht ausmalen, was das übersetzt heißen mochte. „Ich fasse also zusammen: Ich hole Lebensmittel. Du holst sie im Keller ab. Jetzt kohletechnisch?"

„Ja, tausend Euro ist wirklich schon sehr hoch. Ich weiß nicht." Katja senkte den Kopf. „Joe, könntest du uns nicht ein bisschen entgegen kommen? Bitte!" Ihre Lippen formten einen Schmollmund.

Ohne wirklich lange zu überlegen, meinte er: „Okay, tausend inklusive Risikozulage."

„Passt!", kam es von ihr wie aus der Pistole geschossen. Ehe Johannes noch einmal darüber nachdenken konnte, gaben sie sich die Hand. Danach hielt sie ihm einen ewig langen Vortrag über seine Rechte und Pflichten und dass er den Einkauf sofort erledigen müsse. Und falls er sich erwischen ließe, würden binnen Sekunden alle Verbindungen zu ihm gekappt werden. Sie rief ihm ins Gedächtnis, wie sie ihn bereits beobachtet hatte. Er dürfe auf gar keinen Fall irgendjemanden, schon gar nicht der Polizei, von seinem Job erzählen. Sie zählte ihm noch ein paar mögliche Konsequenzen auf, die im Falle eines Verstoßes folgen würden. – Joe fiel bei der Aufzählung der Songtitel der Musikgruppe EAV „Geld oder Leben" ein. Als Katjas Rede beendet war, schenkte Kobler noch einmal Wein nach.

„So nun mal Klartext", meinte er. „Wofür braucht ihr die Lebensmittel überhaupt?"

Sie nahm einen ausgiebigen Schluck.

„Okay, hör zu! Du bist soeben Teil einer ganz großen Sache geworden! Das Projekt ist ..." Eine halbe Stunde später verließ sie die Wohnung.

Auf der Straße ging Katja ein paar Schritte. Sobald sie um die nächste Hausecke gegangen und somit außer Sichtweite war, zog sie ihr Handy raus. Rasch tippte sie:

„Der Fisch hat angebissen! Wie ich dir gesagt habe! Es läuft." Sie las die drei Sätze noch einmal durch, ehe sie auf Senden drückte.

Die zweite Begegnung

Es hat schon was für sich, dachte sich Gitti, während sie ihr Frühstücksbrot kaute. Dabei standen weniger Gedanken über das Frühstück oder den bevorstehenden Schultag im Zentrum ihrer Überlegungen. Sie hatte sich gestern vor dem Einschlafen noch einmal alles durch den Kopf gehen lassen. Irgendwie war es wie ein Puzzle. Zuerst hatten die Jungs nicht mehr gehabt als eine kleine Zeitungsanzeige. Also quasi mehrere hundert Teile und keine Vorlage. Dann hatte Samuel sie ins Boot geholt, um mit ihrem Opa zu sprechen. Und siehe da: Durch ihre E-Mail-List waren ein paar Teile des Puzzles an ihren Platz gekommen. Zugleich beflügelte es zum Weitermachen. Es folgte ein beinahe gelungener Geniestreich von Samuel. Und siehe da, wieder waren ein paar passende Teile dazugekommen. Dazwischen war das Gespräch mit Stefan Lustner. Vielleicht nicht ganz erfolgreich auf den ersten Blick, aber durchaus aufschlussreich bei zweiter Betrachtung. Da war sie mit Enrico einer Meinung. Seit ihrer ersten Begegnung an der Bushaltestelle „Bundesbahndirektion" waren erst wenige Tage vergangen. Für Gitti war dieser Enrico schwer einzuschätzen. Er zeigte sich meistens still, schweigend und entspannt. Allerdings ruhte auch Temperament in ihm. Dies konnte er situationsabhängig gar nicht zügeln. Zudem besaß er Mut. Natürlich hatte sie bemerkt, dass Enrico in ihrer Gegenwart verlegen wurde. Bei ihr war die Sache anders, obwohl sie nichts dagegen hätte, ihm einmal seine Lockenpracht zu zerzausen.

Während sie einen tiefen Schluck von ihrem Malventee nahm, lenkte sie ihre Gedanken zurück zu Stefan Lustner. Schließlich würden sie am Nachmittag ein zweites Mal bei ihm läuten. Wie er wohl reagieren würde? Beim ersten Mal hatte er die Tür zugeknallt. Ob Stefan Lustner sie noch einmal für die Kids öffnen würde?

„Gitti, du träumst, trödle nicht!", mahnte die Mutter.

Gitti trank noch einen Schluck, schnappte sich ihre Schultasche und machte sich auf den Weg.

Am Nachmittag kamen die drei erneut im Schillerpark zusammen. Die Sonne zeigte sich noch einmal in ihrer vollen Strahlkraft. Die Leute trugen T-Shirts und kurze Hosen, Sonnenbrillen wanderten aus den Etuis.

Gitti war mit dem Scooter gekommen. Die Jungs trugen beide einen Trainingsanzug. Später am Tag würden sie noch zum Fußballtraining gehen.

Enrico, Samuel und Gitti besprachen ihr Vorgehen. Samuel hatte sich bereits eine Taktik zurechtgelegt. Er schlug vor, bei einer anderen Partei zu läuten, um so ins Haus zu kommen. Er wolle Stefan Lustner überraschen. „Wir haben eher eine Chance, dass er die Tür öffnet, wenn wir vor seiner Wohnung stehen. An der Gegensprechanlage wird er uns nur abwimmeln."

Gitti und Enrico stimmten in diesem Punkt zu.

„Nur wollen wir zuerst versuchen, ob uns der Zufall hilft. Ich würde nur im Notfall bei einer anderen Partei läuten. Bringt nur Erklärungsnotstand."

Enrico stimmte Gitti zu.

„Was machen wir, wenn wir ihm gegenüberstehen?", fragte Samuel.

„Das ist für mich keine Frage. Da gibt es keine zwei Möglichkeiten. Wir haben nur ein paar Sekunden. Sobald er uns erkennt, wird er uns verscheuchen oder die Tür zuknallen. Ende und aus!"

„Stimmt, Enrico. Also, wir haben wirklich nur eine Chance, ihn zu überzeugen, dass er uns zuhören muss."

Gut gestimmt schlenderten sie zur Wohnung von Stefan Lustner. Sie warteten vor der Haustür. Zuerst unterhielten sie sich noch und scherzten. Doch dann wurde das Herumstehen langweilig. Die Minuten vergingen zäh.

„Das ist beinharte Knochenarbeit. Ich bin nach wie vor dafür, bei jemand anderen zu läuten, um so ins Haus zu gelangen", beschwerte sich Samuel und blickte dabei nach oben.

„Wenn wir so stehen, kann Lustner uns nicht sehen. Er müsste sich schon mit dem Kopf aus dem Fenster beugen", meinte Enrico.

„Ich glaube, es würde reichen, wenn er sich ganz nah ans Fenster stellt. Dann sehen wir ihn nicht", sagte Gitti.

Eine weitere halbe Stunde verging. In der Zwischenzeit wurde Samuels Vorschlag für Enrico zusehends attraktiver.

Dann ging die Tür auf. Ein Mann trat heraus und zündete sich eine Zigarette an. Er trug eine Jogginghose und ein T-Shirt, auf dem das Logo eines amerikanischen Footballteams prangte.

Das Teamsymbol war nicht das einzige auf dem T-Shirt. Man konnte auch rote und schwarze Flecken erkennen. An seinen Füßen trug der Mann, der begierig Rauch in seine Lungen zog, graue Filzpantoffeln. Die Kids sahen das nur aus den Augenwinkeln, denn sobald sich die Tür geöffnet hatte, flitzten sie los und rannten an dem Mann vorbei ins Stiegenhaus. Kaum war die Haustür zu, begann Gitti zu kichern. „Habt ihr gesehen, was der alles auf dem Leibchen hatte? Wahrscheinlich die Wochenspeisekarte."

„Und gerochen hat der, als ob er eine Woche nicht geduscht hätte", ergänzte Samuel.

Enrico schüttelte den Kopf. „Ist doch egal. Immerhin sind wir dank ihm ins Haus gekommen."

Gitti, Samuel und Enrico stiegen die Treppe nach oben in den vierten Stock. Samuel klingelte. Die Tür ging auf. Stefan Lustner trug erneut einen Jogginganzug. Seine Überraschung schien echt.

„Grüß Gott auch von unserer Seite, Herr Lustner. Wir würden gern ..."

„Nervensägen!", zischte Stefan Lustner und schlug die Tür zu. Enrico atmete tief durch. Mit lauter Stimme begann er erneut zu sprechen.

„Ja, wir gehen jetzt, Herr Lustner! Aber zuvor sagen wir, was wir wissen. Uns ist es ja egal, wenn das ganze Stiegenhaus mithört. Es geht um Irene Grant, Ihre Mitbewohnerin." In dem Moment flog die Tür auf.

„Kommt rein!" Lustner wirkte angespannt. Sein Blick ging unruhig von links nach rechts. „Also?"

„Wir sind nach wie vor auf der Spur von Irene Grant. Wir haben letztes Mal schon über den roten Golf gesprochen. Und nun wissen wir sogar, dass die verschollene Irene eine Person mit rotem Golf kennt. Zufall?!"

„Ich ..., ja, natürlich", sagte Lustner, der nur mit Mühe seine Stimme unter Kontrolle brachte.

Enrico entgegnete: „Vielleicht kennen Sie den Typen auch, der einen roten Golf hat? Haben Sie bei ihm schon nachgefragt, wo Ihre Kollegin ist?"

Lustner schüttelte kurz den Kopf, ehe er die Tür öffnete, um die Jungs rauszulassen. Seine Hände zitterten.

„Wir gehen! Etwas will ich aber noch loswerden. Wir beobachten Sie weiterhin!" Sobald sie über der Schwelle waren, flog die Tür ins Schloss.

Zwei Stufen auf einmal nehmend, rannten die drei Freunde nach unten. Der Mann vor der Haustür war verschwunden. Gitti, Enrico und Samuel liefen in die Goethestraße. Ungefähr in der Mitte der Straße blieben sie stehen und atmeten durch. Dann gingen sie zurück zum Schillerpark.

„Irgendetwas muss der doch auf dem Kerbholz haben. Der verhält sich viel zu eigenartig. Ist total nervös, wenn ihr mich fragt."

„Da stimme ich dir zu, Sam. Mich würde es nicht wundern, wenn der in der Sache voll drinnen steckt."

„Wir haben noch ein paar Minuten Zeit, bis wir zum Training müssen. Setzen wir uns noch kurz in den Park?"

Stefan Lustner ging indes unruhig in seiner Wohnung hin und her. Seine Nerven waren angespannt. Die Last auf seinen Schultern schien ihn zu erdrücken. Um sich zu beruhigen, setzte er sich in den Fernsehstuhl und zappte durch die Kanäle. Es half nichts. Innerlich machte er sich Vorwürfe. Er hätte anders reagieren sollen. Jetzt war es allerdings zu spät.

Er wog alle Pro und Contras ab. Schließlich nahm er sein Handy und tippte eine SMS: „Diese verdammten Jugendlichen waren schon wieder da. Sie haben eine Verbindung zum roten Golf gefunden. Die werden lästig. Ich halte das nicht mehr lange aus!"

Er hatte das Handy für nicht mal zehn Sekunden aus der Hand gelegt, als die Antwort kam: „Dein großer Auftritt kommt erst. Wie soll das gehen, wenn du dir jetzt schon ins Hemd machst? Morgen legst du endlich los. Also bleib ruhig und konzentriere dich nur auf die Sache!"

Ein Ausflug ins Einkaufszentrum

Johannes Kobler ärgerte sich. Langsam ging ihm die ganze Angelegenheit auf die Nerven. Er wurde das Gefühl nicht los, dass hier irgendetwas faul war. Ganz massiv faul sogar. Das sagte ihm seine Nase. Es war für ihn höchste Zeit, aus der Sache auszusteigen. Doch wie sollte er das anstellen? Bereits in der Nacht hatte er sich darüber Gedanken gemacht. Ohne Erfolg. Diese Katja hatte ihn mit dem Vertrag in der Hand. Außerdem hatte er nach wie vor keine Ahnung, wer dieser ominöse Chef sein sollte. Zu allem Überfluss musste er heute arbeiten, am Samstag.

Kobler war schon klar, dass Verbrechen keinen Wochentag kannten, aber hätte Katja nicht umsichtiger agieren können? Am Samstag war Hochbetrieb. Praktisch ganz Innsbruck war auf den Beinen. Zahlreiche Bürger mussten oder wollten ihren Samstagvormittag in Lebensmittelgeschäften verbringen. Die Gänge würden verstopft sein, wie die Autobahn zu Ferienbeginn. Dies bedeutete für ihn ein großes Risiko. Zu viele Augenpaare. Eigentlich sollte er mehr Geld verlangen. Wochenendzuschuss quasi oder Gefahrenzulage. Dies würde er bei nächster Gelegenheit anbringen.

In der Nacht hatte es geregnet. Die Straßen waren nass und die Temperatur war deutlich gesunken. Kobler zog den Reißverschluss seiner Jacke zu. Den Rucksack hatte er geschultert. Auf dem Weg zum Einkaufszentrum scrollte er den Bildschirm seines Handys nach unten. Er prägte sich die Einkaufsliste genau ein. Die Liste hatte achtzehn Posten. – Kobler stöhnte. Seit zehn Tagen ging das ganze Theater nun schon. Aus heutiger Sicht war es ein großer Fehler gewesen, überhaupt zuzustimmen. Warum hatte er dieser Katja nicht widerstehen können? Hätte er doch im entscheidenden Moment einen kühlen Kopf bewahrt. Aber einen kühlen Kopf behielt nur Katja, diese mysteriöse Frau. Was in ihrem Fall vermutlich nicht schwer war, denn heute sah Kobler sie als falsche Schlange. Und diese Kriechtiere sind Kaltblüter. Daher war es kein Problem für Katja, eiskalt zu kalkulieren. Aber sie hatte sich geschnitten, ihn unterschätzt. Er war das genaue Gegenteil: ein Heißsporn. Wenn Kobler sich etwas in den Kopf gesetzt hatte, zog er es durch. Und eine Idee war im Laufe der Nacht gereift. Er würde sich rächen. Diese Schlange würde er zermalmen. Sie würde um Gnade winseln. Diese Gedanken begleiteten ihn, während er Pfütze für Pfütze in Richtung Einkaufszentrum stapfte. Dort empfing ihn der erwartete Trubel. Zuerst checkte er die Lage im Lebensmittelgeschäft. Derzeit unmöglich, etwas zu machen. Das Motto lautete: „Abwarten und Tee trinken". Das wollte Johannes Kobler auch machen: Einen Tee trinken.

Sein nächster Weg führte ihn zu den Schließfächern. Dort zog er einen zweiten Rucksack aus seinem ersten heraus und sperrte ihn ein. Er öffnete seinen Zopf, strich sich mit den Fingern durchs Haar und band sie wieder zusammen. Kobler ging in ein Café und bestellte sich einen Pfefferminztee.

Zwei Stunden waren vergangen, seitdem Johannes Kobler das Einkaufszentrum durch den Haupteingang betreten hatte. Nach dem Tee und drei Zigaretten war er zur Tat geschritten. Er hatte sich sechs Dinge aus der Liste gepickt. In aller Ruhe war er durch die Lebensmittelabteilung geschlendert, hatte sich hier ein wenig und dort ein wenig umgesehen. In der Weinabteilung sah sich Kobler Dutzende Rotweinflaschen an, stellte sie zurück und studierte dann die Weißweinflaschen. Eine Flasche der Marke „Soave" stand auf der Liste. Er steckte sie in den Rucksack. Dann schlich er in die Kühlabteilung zum Weichkäse. Immer wieder sah er über seine Schulter. Aber es schien niemand auf ihn zu achten. Somit konnte er frisch ans Tagwerk gehen. Im Geiste rief er sich die Einkaufsliste auf. Nach und nach sammelte er zehn verschiedene Nahrungsmittel und packte sie in seinen Rucksack. Dann ging er zur Kassa.

Der Samstagvormittag bei den Kids

Der Samstag begann für Samuel schon ungewollt früh. Eigentlich wollte er ausschlafen. Gestern beim Fußballtraining hatte er sich verausgabt, wegen der Steigerungsläufe, die auf dem Programm gestanden haben. Enrico flapste in den kurzen Pausen ein bisschen mit den Mannschaftskameraden. Samuel nutzte die Pause hauptsächlich, um Luft in seine Lungen zu pumpen. Nach dem Training hatte er mit Enrico vereinbart, dass er ausschlafen und sich dann bei ihm und Gitti melden würde, damit sie noch einmal über den bisherigen Verlauf des Falles sprechen konnten. Von Ausschlafen konnte allerdings nicht die Rede sein.

Die Zeiger des Weckers standen auf 07:30 Uhr. Somit hatte er nicht einmal eine Stunde länger geschlafen als an Schultagen. Sämtliche Versuche, noch einmal ins Traumland zu gelangen, scheiterten. Genervt schaltete Samuel das Licht an. Zwanzig Minuten vor acht. Um diese Uhrzeit konnte er natürlich nicht anrufen. So schnappte er sich sein Buch und tauchte ab ins „Schloss Hogwarts"

und die Welt des wohl bekanntesten „Zauberlehrlings".
Eine Stunde später schlug er das Buch zu. Höchste Zeit,
den Tag aktiv zu beginnen. Seine Eltern hatten den Frühstückstisch reichlich gedeckt. Samuel setzte sich und strich
sich eine Semmel. Um 09:00 Uhr griff er zum Hörer und
wählte die Nummer seines Freundes. Enricos Vater hob
ab. Er wolle ihn wecken, meinte er. Aber es dauerte noch
ein paar Minuten, ehe Samuel Enricos verschlafene Stimme hörte.

„Hallo?", krächzte Enrico in den Hörer.

„Hallo, Enrico! Ich bin es."

„Du? Was willst du denn? Weißt du, wie spät es ist?"

Samuel entschuldigte sich mehrmals. Sie vereinbarten:
Enrico würde sich in einer Stunde noch einmal melden,
dann wäre er ansprechbar und sie könnten etwas ausmachen. Nach dreißig Minuten versuchte Samuel, Gitti zu
erreichen. Sie war gleich selbst am Apparat und klang
vergnügt. Von ihrer Seite aus könnten sie alles machen, sie
hätte den gesamten Vormittag Zeit. Samuel schilderte
seiner Schulkollegin das Gespräch mit Enrico. Er versprach, sich später wieder zu melden. Insgesamt waren
neunzig Minuten vergangen, ehe Enrico sich bei Samuel
meldete.

„Also, du Frühaufsteher. Leider muss ich dir sagen, ich
kann am Vormittag nicht. Ich muss für meine Mutter
etwas im Einkaufszentrum abholen."

Sie diskutierten noch ein wenig. Samuel wollte schon auflegen, als Enrico einen Vorschlag machte: „Du, Sam, warum kommst du nicht mit? Vielleicht kann Gitti auch, dann könnten wir trotz dieses ungeplanten Ausflugs ein bisschen diskutieren."

„Mama, darf ich mit Enrico am Vormittag in die Stadt einkaufen gehen?!"

„Wer bringt euch hin?", antwortete die Mutter aus der Küche.

„Wer bringt uns hin?"

„Niemand. Fahren wir doch mit dem Scooter, dann sind wir schneller."

„Wir würden mit dem Scooter fahren, Mama!"

Eine kurze Pause entstand.

„Aber spätestens am Nachmittag bist du wieder da!"

„Ja! Enrico, ich darf!"

„Cool."

„Rufst du Gitti an?"

Samuel stimmte zu. Sie vereinbarten, sich in einer halben Stunde im Schillerpark zu treffen.

Samuel saß bereits auf einer Bank, als Enrico beim vereinbarten Treffpunkt ankam. Er trug heute ein blauweiß kariertes Hemd.

„Servus, Sam."

„Hallo. Spürst du das gestrige Training auch in den Waden?"

„Es geht. Einen Muskelkater habe ich nicht, wenn du das meinst."

„Du?" Enrico grinste, er kannte die Antwort bereits.

Mit einer leichten Röte im Gesicht wechselte Samuel das Thema: „Gitti kommt auch." Kaum ausgesprochen fuhr Gitti auf ihrem Roller ein. Sie hatte ihr schwarzes Haar zu zwei Rossschwänzen gebunden. Ihre gelbe Regenjacke leuchtete.

„Wie eine Prominente! Hast wohl nur auf dein Auftrittskommando gewartet?", fragte Enrico zur Begrüßung.

„Ich würde eher sagen: Wird der Esel genannt, kommt er gerannt", meinte Samuel.

„Euch auch einen schönen guten Morgen! Danke für das Kompliment. Und Samuel, nimm den Mund nicht zu voll!"

„Echt cool, dass du auch mitkommen darfst, Gitti. Hätte nicht gedacht, dass dir deine Eltern erlauben, alleine mit uns in die Stadt zu fahren", sagte Enrico.

„Na ja", druckste Gitti herum.

„Was ist?", fragten die Jungs wie aus einem Mund.

„Ich wollte unbedingt dabei sein, damit wir über den Fall sprechen können. Da habe ich eben gesagt ..."

„Was wird das hier? Ein Geschichtenwettbewerb? Komm zum Punkt!", fuhr Samuel dazwischen.

Gitti schnaufte hörbar aus. „Ich habe gesagt, dass ich zu dir gehe, Samuel, da ich dir bei dem Schulprojekt über die Eisenbahn helfen muss. Du hättest mich gefragt. Ich habe meinen Eltern von dem Vorfall mit Manuel Trotzenhuber erzählt und behauptet, du müsstest nun zwei Projekte machen. Ich würde dir helfen."

„Du hast was?", kreischte Samuel.

„Das passt schon. Samuel hält dicht. Gell, Sam? Aber was war das für ein Vorfall mit Manuel Trotzenhuber?", erkundigte sich Enrico. Gitti erzählte die Geschichte und ließ dabei kein Detail aus.

„Sam, du musst dich einfach mal wehren", klopfte Enrico seinem Freund auf die Schulter.

Mit dem Scooter fuhren sie dann die Ingenieur-Etzel-Straße entlang, unter eine quer verlaufende Brücke durch und standen schließlich vor dem Gebäude des Einkaufszentrums. Sie nahmen die Rolltreppe und begaben sich ins zweite Obergeschoss. Zunächst mussten sie ein wenig suchen, schließlich aber fanden Enrico, Samuel und Gitti die Änderungsschneiderei. Während Enrico die beiden Hosen für seinen Vater abholte, warteten Gitti und Samuel vor dem Geschäft.

„Ich kann nicht glauben, dass du deine Eltern angelogen hast!"

„Fängst du schon wieder damit an? Mach dich locker, Samuel. Wird schon glattgehen."

„Du hast gelogen. Und ihnen von dem Trotzenhuber erzählt!"

„Aha, daher weht der Wind! Es ist dir peinlich! Verstehe!"

„Nein, ist es nicht! Es ist nur, ach vergiss es!"

„Gut. Ist es jetzt aus der Welt?"

„Ja, von mir aus. Aber weihe mich nächstes Mal ein, bevor du lügst!"

Enrico kam zurück. „Cool. Ich habe mehr Geld zurückbekommen als erwartet. Kommt, wir wollen noch etwas trinken! Ich lade euch ein. Auch dafür, dass ihr mitgekommen seid. Fahren wir nach unten ins Maci?"

„Gern!" Gitti strahlte.

„Von mir aus", entfuhr es Samuel gelangweilt.

Mit der Rolltreppe fuhren sie nun ins Erdgeschoss. Trotz des ganzen Trubels fanden sie einen Platz. Enrico holte drei Colas. Ihre Plätze lagen ideal, sie konnten in den Gang sehen und die Leute beobachten, die durch das Shoppingzentrum eilten. Sie alberten ein bisschen herum. Enrico und Gitti parodierten Gespräche, die ihrer Meinung nach die Vorbeieilenden gerade führten. Sie hatten dabei sehr viel Spaß. Samuel hingegen verdrehte ein ums andere Mal die Augen. Zwei junge Burschen waren Richtung Ausgang gegangen. Sie hatten weite, schwarze Hosen an und trugen Baseballkappen, wobei die Schilder nach hinten gedreht waren.

„Hast du die gesehen?", fragte Gitti. „Der eine hat bestimmt gesagt: ‚He, Alter, ich wollte noch zehn Euro abheben, aber meine Bankomatkarte ist irgendwo in meiner Hose. Ich kann sie nicht finden'."

Enrico stieg ein. „Na, ich kann sie dir in deinem Zweimannzelt nicht suchen."

Gitti: „Wenn du so was sagst, krieg ich so einen Hals."

„Ja, aber, du bist ..." Enrico verstummte mitten im Satz.

„Was ist?", fragte Gitti.

Enrico setzte sich kerzengerade hin und deutete mit dem Kopf nach rechts. Auch Samuels Aufmerksamkeit war geweckt.

„Seht ihr ihn?", flüsterte Enrico.

„Wen, wo?" Gitti und Samuel blickten hastig umher.

„Da an den Schließfächern. Sam, das ist doch der Mann von der Bushaltestelle. Jetzt ist Showtime!" Enrico wollte schon aufstehen, doch seine Freunde hielten ihn zurück.

„Warten wir erstmal ab, was passiert", flüsterte Samuel und zog nervös an seinem Strohhalm.

Mit Mut und List zum Erfolg

„Wer ist das?", fragte Gitti leise.

„Das ist der Mann von der Bushaltestelle. Mit dem Enrico gestritten hat, kurz bevor du von der Flötenstunde in die Bienerstraße eingebogen bist."

„Freunde, ich sage euch, der führt etwas Übles im Schilde", meinte Enrico.

Johannes Kobler konnte zufrieden sein. Zehn der Dinge hatte er bereits gesichert. Nun lud er acht davon in den zweiten Rucksack. Einzig die Dose Mais und die Flasche Wein ließ er in der Tasche. Er kontrollierte die Rechnung, die aus fünf Posten bestand. Wein und Mais standen darauf. Jetzt galt es, erneut ein bisschen Zeit totzuschlagen. Dann konnte er mit etwas Glück die restlichen Sachen holen. Somit käme er schneller nach Hause als gedacht. Bei dem Gedanken rieb er sich die Hände. Kobler schloss das Schließfach und ließ den Schlüssel in seine linke Hosentasche gleiten. Er blickte in die Runde. Dann ging er Richtung Ausgang, um an der frischen Luft eine Zigarette zu rauchen.

„Was macht er jetzt?" Enricos Herz schlug auf Hochtouren. Er war hellwach. Der Mann mit dem Zopf hatte soeben das Fach zugesperrt und blickte sich um. Dann ging er Richtung Ausgang. „Lass uns noch einmal alles rekapitulieren", sagte Samuel. „Der Mann, der dich an der Bushaltestelle angemotzt hat, packt Lebensmittel von einem Rucksack in einen anderen und schließt diesen dann ein."

„Wir könnten das Fach aufbrechen."

„Spinnst du, Enrico?"

„Warum geht er denn hinaus und lässt den Rucksack zurück? Wir müssen ihm folgen!"

„Warte, Enrico!" Samuel wirkte nachdenklich.

„Wir haben keine Zeit zum Warten. Während wir warten, geht der bis zum Nordpol."

„Er kennt mich, und er kennt dich, Enrico!", mahnte Samuel an. „Wenn er etwas im Schilde führt, könnte unser Auftauchen ihn warnen!" Enrico wollte etwas erwidern, verharrte jedoch mit offenem Mund.

„Vielleicht hast du recht, Sam. Verdammt, ich wäre ihm zu gern gefolgt. Irgendetwas führt dieser Mann im Schilde."

„Stimmt! Das glaube ich auch. Aber du lässt mich ja nicht ausreden. Also hör zu! Gitti kennt er nicht. Sie ist unser Schlüssel zum Erfolg!"

„Ich?", fragte Gitti erstaunt.

„Ja, du!" Samuel nickte bei seinen Worten noch zusätzlich. „Vielleicht hat er Enrico und mich schon vergessen, aber wir können kein Risiko eingehen. Und es gilt, keine Zeit zu verlieren. Also Gitti, du gehst ebenfalls zum Ausgang. Schau, ob du ihn noch findest, und beobachte, was er macht! Enrico und ich bleiben hier und warten. Sollte er zum Schließfach zurückkehren, haben wir zwei ihn wieder im Auge."

Gitti sprang auf, doch Enrico hielt sie am Arm fest.

„Pass auf!", mahnte er. „Mache nichts Unüberlegtes! Falls es brenzlig wird, weißt du ja, wo du uns findest."

„Danke, Papa!" Gitti rollte mit den Augen und eilte davon. Sie warf einen Blick in die Tabaktrafik. Zwei Schlangen mit jeweils fünf Personen warteten vor den zwei geöffneten Kassen. Die Angestellten wuselten hin und her. Gitti sah den Mann von den Schließfächern nicht. Sie stand kurz vor der Schiebetüre. Gegenüber vom Tabakladen war ein Kleidungsgeschäft. Dort war der Mann sicher nicht hingegangen. Was sollte er auch in einem Geschäft machen, wo es hauptsächlich Frauenkleidung gab? Außerdem, das hatte Gitti gleich auf den ersten Blick gesehen, war dieser Mann alles andere als modebewusst. Also blieb nur die Flucht nach vorn.

Gitti beschloss, eine Runde auf dem Vorplatz zu drehen. Sollte sie ihn da nicht sehen, würde sie wieder zu den Jungs gehen. Entschlossen trat sie ins Freie. Auf dem Platz waren etliche Leute. Auf den ersten Blick erkannte sie niemanden. Sie schwenkte nach links und schlenderte einen großen Kreis über den Platz und durch die Menge.

Nach einer halben Runde, Gitti stand nun gegenüber vom Eingang, erblickte sie den Mann. Er stand rechts neben der automatischen Eingangstür bei einem Aschenbecher. Wäre sie in die andere Richtung gestartet, wäre sie direkt an ihm vorbeigegangen. Er zog an seiner Zigarette und las etwas auf seinem Handy. Gitti ging zu einer Bank, setzte sich und band ihre Schuhbänder, während sie ihn nicht aus den Augen ließ.

Johannes Kobler zog den Rauch begierig in seine Lungen. Heute war ganz schön viel los. Ein typischer Samstag halt. Umso löblicher, dass er schon mehr als die Hälfte geschafft hatte. Er schnippte die Zigarette weg, nachdem sie bis zum Filter abgeraucht war. Er griff in seine Jackentasche, zog das rote Zigarettenpäckchen heraus, fingerte noch einen Glimmstängel hervor und zündete ihn an. Das Nikotin im Blut regte seine Gehirnzellen an. Er holte sein Handy aus der hinteren Hosentasche und kontrollierte erstmal seine SMS-Liste. Es war keine relevante Kurznachricht eingetroffen. Die Einkaufsliste kannte er inzwischen auswendig. Trotzdem las Kobler die Liste noch einmal. Er drückte auf Antworten. Zögernd tippte Johannes Kobler seine Nachricht: „Wollte kurz Bescheid geben, hab die Hälfte geschafft. Am Samstag ist das Risiko höher, da dauert alles länger. Da sind wir gleich bei einem anderen Thema. Dies ist mein letzter Auftrag, den ich für dich (oder euch?) erledige. Danach steige ich aus. Lass mir meinen Schlüssel wieder zukommen." Nachdem er die Nachricht gesendet hatte, inhalierte er den Rauch tief und blies ihn symbolisch kräftig aus.

„Weg von mir", sagte er. „Das ist jetzt vorbei."

Das Handy piepste wenige Augenblicke später. Kobler entsperrte seine Tasten und begann zu lesen. Er traute seinen Augen nicht, was er da las: „Sag einmal, bist du angesoffen? Oder eingeraucht? Auf jeden Fall muss etwas sein, denn du hast sie nicht mehr alle. Du hast einen Vertrag mit UNS und den hast du gefälligst zu erfüllen! Und wenn du dich noch einmal beschwerst wegen Samstag, dann gibt es Konsequenzen. Also mach das, wofür du bezahlt wirst! Ohne zu lamentieren. Vergiss nicht, wir haben dich in der Hand, nicht du uns! Amateur!"

Johannes Kobler las den Text ein zweites Mal. Wo war er da hingeraten? Diese Katja würde sich noch umschauen. Mit Johannes Kobler legt sich keiner ungestraft an! Er war wütend. Emotionen kochten hoch. Um die Gefühle in den Griff zu bekommen, zündete er sich noch eine Zigarette an.

Gitti stöhnte auf. Jetzt rauchte der Mann noch eine Zigarette. Er schien sich geärgert zu haben. Es musste mit dem zusammenhängen, was er auf seinem Handy gesehen hatte. Gitti bedauerte, dass sie keine Chance hatte, herauszubekommen, was die Ursache dieses Ärgers war. Ob es eine SMS war? Eine WhatsApp-Nachricht? Jegliches Rätseln würde sie nicht weiterbringen. Dafür beschloss Gitti etwas anderes. Sie stand auf, streckte sich und ging wieder zurück zu den Jungs.

„Und, was gibt es? Hast du ihn gefunden? Oder ist er uns entwischt?", fragte Enrico.

„So, jetzt einmal der Reihe nach!" Gitti nahm ihren Becher und trank ihre Cola aus. Sie war warm geworden und schmeckte fad. „Ja, ich habe ihn entdeckt und beschattet. Bis jetzt." Gitti erzählte Enrico und Samuel das Erlebte und Beobachtete. „Er steht zwar draußen, aber ich glaube, er kommt gleich zurück. Dann sehen wir ihn wieder. Sollte ich mich irren, gehe ich in fünf Minuten wieder hinaus."

„Nein, das halte ich für eine schlechte Idee", meinte Samuel. „Sollte er in fünf Minuten nicht in unser Blickfeld kommen, werde ich auf Erkundigungstour gehen. Wir wissen, wo er ist, ich kann ihn unauffällig beobachten."

Die Kids mussten allerdings keine fünf Minuten warten, dann stand der Mann wieder beim Schließfach. Er knallte die Tür zu und ging in Richtung Lebensmittelgeschäft. Er nahm sich einen Tragekorb am Geschäftseingang. Verraucht war in der Zwischenzeit nur die Zigarette, der Ärger war geblieben.

„Was fällt dieser dummen Ziege ein?", nuschelte Johannes Kobler in seinen Dreitagebart. Wieder und wieder hatte er begonnen, eine Antwort zu formulieren. Allerdings war ihm außer Schimpfwörtern nichts eingefallen. Schließlich ließ er es und steckte das Handy weg. Die Pause war jetzt lang genug gewesen. Er ging in den Innenraum zurück. Am Schließfach angekommen, warf er noch einmal einen Kontrollblick in den zweiten Rucksack. Zum Wutabbau schlug Kobler gegen die Tür, die mit einem lauten Knall ins Schloss fiel. Ihm war in diesem Moment egal, ob er Aufmerksamkeit erregte oder nicht. Er versperrte das Fach. Bewaffnet mit einem Tragekorb betrat er zum zweiten Mal an diesem Tag das Lebensmittelgeschäft. Nach wie vor stoben zahlreiche Menschen durch die Gänge. Die Devise war erneut, mit Ruhe seinen Auftrag zu Ende zu bringen. Deshalb studierte er zuerst einmal die verschiedenen Puzzlemotive.

Bei den Kids machte sich Hektik breit. „Was machen wir? Wie geht es weiter?" Enrico war ungeduldig.

„Wir müssen uns neu sortieren."

„Sam, es ist nicht die Zeit, hier obergescheite Reden zu schwingen. Wir sollten dringend handeln!"

„Warte!" Alle dachten nach. Schließlich war es erneut Samuel, der das Wort ergriff. „Habt ihr ein wenig Geld dabei?" Enrico kramte in seiner Tasche, zog einige Münzen und einen Zehneuroschein heraus und legte ihn auf den Tisch. Samuel nahm sich eine Zweieuromünze und kratzte die restlichen Münzen zusammen. Er reichte sie Gitti.

„Nimm du diesen Euro und die achtzig Cent", sagte er. „Ich behalte die zwei Euro. Wir gehen einkaufen." In knappen Worten erklärte er seinen Plan. Demnach sollte Enrico sitzen bleiben, während er mit Gitti ebenfalls in das Lebensmittelgeschäft gehen würde. Sollten sie den Mann mit den langen Haaren nicht im Geschäft finden, könnte Enrico am Schließfach wieder die Spur aufnehmen.

Bevor Enrico protestieren konnte, standen Gitti und Samuel auf und steuerten das Lebensmittelgeschäft an. Sie hatten noch keine Gelegenheit gehabt, darüber nachzudenken, wie sie vorgehen sollten. Gitti und Samuel rannten durch die Gänge. Die Größe war bombastisch.

„Kennst du dich hier aus?"

„Ein bisschen. Ich war mit meiner Mama Anfang der Woche Kleidung kaufen. Danach haben wir uns eine Fleischkäsesemmel gegönnt. Die haben wir hier geholt, da Mama gleich noch Eier und Milch mitgenommen hat. Ich glaube, die Wursttheke finde ich wieder."

„Immerhin was", entgegnete Samuel. „Ich bin, soweit ich mich erinnern kann, das erste Mal in diesem Laden. Wir bleiben besser zusammen."

„Zumindest, bis wir den Mann gefunden haben. Dann können wir uns immer noch den nächsten Schritt überlegen."

Überlegungen stellte zur gleichen Zeit auch Enrico an. Er hatte den Mann nicht vergessen. Innig hoffte er, dass dieser tatsächlich irgendetwas im Schilde führte. In seinen Gedanken fanden Gitti und Samuel den Mann nicht. In wenigen Augenblicken würde er am Schließfach stehen. Dann würde er, Enrico, zu ihm gehen und sich erkundigen, ob die Erinnerung an die Begegnung bei der Bushaltestelle noch frisch sei. Darauf würde der Mann in der Lederjacke abermals mit Beschimpfungen beginnen. Alle Augen würden auf den Wrestling Ring, der plötzlich aus dem Boden wüchse, gerichtet sein. Die Rolltreppen und die Lifte würden stehen bleiben. Im Ring standen Enrico und der Mann mit den langen Haaren. Er trug die gleiche Lederjacke wie damals bei der Bushaltestelle. Irgendwo ertönte eine Glocke. Der Klang hing noch im Einkaufszentrum, als unter großem Jubel der Zuschauer, der Mann Enrico attackierte. Dieser wich geschickt aus. Mal um Mal schlug der Mann ins Leere.

Enrico lief durch den Ring. Langsam ging dem Mann die Puste aus. Enricos Chance war gekommen. Er versuchte, Tritte zu landen. Doch da passierte ihm eine Unachtsamkeit. Enrico rauschte heran, der Mann in der Lederjacke drehte sich abrupt um und gab Enrico einen

Schupfer. Enrico knallte mit Karacho in die Ringecke und taumelte zurück. Er bekam keine Luft und musste Schläge und Tritte einstecken. Schließlich setzte der Mann einen Würgegriff an. Doch Enrico gab nicht auf. Mit dem Fuß konnte er den Griff lockern und schlussendlich auch lösen. Das gab ihm neue Energie. Jetzt landete Enrico eine Serie von Tritten und Schlägen. Der Gegner schien gezeichnet. Enrico war sich seiner Sache ganz sicher. Er kletterte auf die oberste Ringecke und sprang einen Rückwärtssalto. Dabei traf er den Mann hart am Brustkorb und landete auf ihm. Das Publikum zählte laut: „Eins, zwei, drei ..." Abermals ertönte ein Glockenton. Der Jubel war laut. Das letzte Bild dieser Phantasie von Enrico war, wie der Mann auf dem Boden lag und Enrico in Jubelpose danebenstand, ein Bein auf dem Oberkörper seines Gegners.

Im Stehen befanden sich auch Gitti und Samuel. Sie hatten den Mann in einer Ecke entdeckt, seit geschlagenen zehn Minuten betrachtete er Sektflaschen. Zwei Dinge lagen in seinem Einkaufskorb. Eine Dose Ravioli und ein Glas Gurken.

„Wie kann man nur so lange einkaufen?" Samuel schüttelte ungläubig den Kopf.

„Entweder ist er ein Liebhaber und anspruchsvoll oder er ist sehr verdächtig." Gitti und Samuel kauerten zwei Gänge von den Regalen mit den Sektflaschen entfernt.

Inzwischen hatten sie die angebotenen Putzmittel auswendig gelernt. Abwechselnd liefen sie zum Ende des Ganges und spähten zum Sekt.

„Vielleicht bildet sich Enrico ja nur etwas ein", sagte Gitti.

„Ich bin geneigt, dir zuzustimmen. Brechen wir das Ganze ab?"

„Nein! Warten wir noch fünf Minuten! Wenn er dann noch beim Sekt steht, gehen wir! Ich gehe und schaue noch einmal nach." Gitti ging den Gang entlang und blieb am Ende stehen. Zum wiederholten Male lugte sie um die Ecke. Die Sektabteilung war ...

Flasche für Flasche zog Kobler heraus. Nie und nimmer würde er so ein Getränk trinken. Ein Gläschen maximal zu Silvester. Das war ein Frauengetränk, so viel war klar. Während des Betrachtens der Flaschen reifte eine Idee in ihm. Er hatte nun eine Möglichkeit gefunden, wie er doch aussteigen könnte. Je länger Kobler über den Einfall nachdachte, desto besser gefiel es ihm.

Ja, so würde er es machen: aktiver Widerstand. Katja würde schon sehen, was sie davon hätte, sich mit ihm anzulegen. Er zog noch eine Flasche heraus. Diesmal las er die Zutaten. Johannes Kobler blickte sich um. Niemand war zu sehen. Er startete. Seine Augen wanderten über die Regale. Alles, was ihm einigermaßen brauchbar und länger haltbar erschien, packte er in den Korb. Nachdem Kobler Tortillas eingepackt hatte, zählte er nach. Abermals zehn Dinge. Jetzt ist es genug. Er machte kehrt. Die Gegend absuchend verzog er sich in eine Ecke. Hier hatte er genügend Platz. Er nahm seinen Rucksack ab und kniete sich nieder. Ein letzter Kontrollblick. Auch nach oben. Die Kamera würde ihn nicht einfangen. Es hatte lange gedauert, bis er diesen Platz und die richtige Position ausfindig gemacht hatte. Hier war er im toten Winkel. Schnell und routiniert packte er sechs Dinge in den Rucksack. Die vier seiner Meinung nach billigsten Güter ließ er im Einkaufskorb. Vor dem Aufstehen kontrollierte Kobler noch einmal die Umgebung. Die Luft war rein. Er ging schnurstracks zur Kassa. Seine Entscheidung war intuitiv. Die Kassa rechts außen hatte am meisten Betrieb. Die Kassiererin würde bei dem Trubel nicht auf die Idee kommen, ihn irgendetwas zu fragen. Oder ihn länger aufhalten als notwendig. Bei seinem ersten Einkauf hatte Kobler bei einer anderen Kassiererin bezahlt.

Es kam genauso, wie Johannes Kobler es sich gedacht hatte. Zufrieden packte er die vier gekauften Lebensmittel in seinen Rucksack und schlenderte zum Schließfach.

... leer! Aufgeregt eilte Gitti zu Samuel zurück. Erneut flitzten sie durch das Geschäft. Dieses Mal dauerte es etwas länger, ehe sie den Mann wiederfanden. Er ging im

Zickzack an den Regalen vorbei und lud Mal hier und Mal dort etwas in seinen Korb. Die ganze Handlung wirkte hektisch und wahllos. Nachdem er ungefähr zehn Artikel herausgenommen hatte, kehrte der Mann erneut um. Er ging in ein Eck, das schwer einsehbar war. Dort sank er in die Knie.

Samuel und Gitti konnten aus der Distanz nicht erkennen, was der Mann machte. Als er wieder aufstand, lud er sich gerade den Rucksack auf den Rücken. Jetzt schien er die Kassa anzusteuern. Die Kids ließen den Mann vorbeigehen. Gitti zupfte Samuel am Ärmel.

„Hast du gesehen?" Sie wirkte aufgeregt.

„Was gesehen?"

„Na, seinen Einkaufskorb! Er hatte nur noch vier Sachen drinnen."

„Echt?"

„Ja, verdammt! Ich gehe ihm nach und du gehst in die Ecke, wo er war, und schaust nach, ob da Dinge stehen, die dort nicht hingehören. Du weißt ja ungefähr, welche Sachen er mitgenommen hatte. Beeile dich! Wir treffen uns bei der Kassa!" Samuel lief los. Gitti eilte in die andere Richtung davon.

Weg wollte nun auch Enrico. Das Sitzen und Warten ging ihm tierisch gegen den Strich. Er fühlte sich ausgeschlossen. Die anderen waren schon ewig fort. Ob ihnen etwas passiert war? Enrico war hin und hergerissen.

Sollte er seinen Posten verlassen? Wenn Gitti und Sam etwas zugestoßen sein sollte, war das die bessere Entscheidung. Sofern allerdings alles in Ordnung war und sie den Mann nur verloren hatten, wäre das eine schlechte Entscheidung. Mit diesem Zwiespalt kämpfte Enrico.

Kämpfen musste aber auch Gitti. Sie stand im Bereich der Kassen. Samuel kam angelaufen. Schon von Weitem schüttelte er den Kopf. Der Mann hatte die äußerste Kassa gewählt. Gott sei Dank war hier am meisten los. Unlogisch eigentlich, bei den zwei anderen offenen Kassen war deutlich weniger Betrieb.

Atemlos kam Samuel neben ihr zum Stehen.

„Ich will sehen, was er bezahlt", sagte Gitti. „Geh du bei einer anderen Kassa raus. Wir treffen wir uns dann draußen." Gitti eilte zur äußersten Kassa. Der Mann stand drei Einkaufswägen weiter vorn. Er würde als Nächster zahlen. Sie drängte sich an der ersten Dame vorbei.

„Entschuldigen Sie. Ich habe nichts. Darf ich bitte vorbei? Danke."

Der ältere Herr mit Hut, der nun vor ihr stand, ließ sie nicht so einfach passieren.

„Nein, nein, junges Fräulein!", echauffierte er sich. „So geht das nicht. Wir müssen alle warten! Die heutige Jugend. Unverschämt! Einfach nur unverschämt!"

„Aber ich habe nichts! Das, was ich wollte, habe ich nicht bekommen", verteidigte sich Gitti.

Inzwischen war Kobler an der Reihe. Gitti versuchte, sich an dem Mann vorbeizumogeln, um einen Blick auf das Band zu werfen.

„Jetzt reicht es!", motzte dieser rum. „Wo sind deine Eltern?"

„Ich sagte doch, ich habe nichts. Bitte lassen sie mich vorbei!"

„Also die heutige Jugend! So etwas hätten wir uns in dem Alter nicht erlaubt! Die Manieren sind wirklich beschämend."

Der Mann hatte gezahlt. Nun ging er mit dem Korb zur Ablage und packte die Sachen in seinen Rucksack. Gitti beobachtete Samuel, der sich ebenfalls an die Ablage stellte. Sie entspannte sich, blieb hinter dem Mann und wartete geduldig.

Gittis Gehirnzellen arbeiteten auf Hochtouren. Der Mann kam an die Reihe. Kurz entschlossen griff sie nach einem Päckchen Kaugummi. Die Kassiererin begann, die Lebensmittel über den Scanner zu ziehen. Gitti stellte sich neben den Mann. Laut und deutlich fragte sie: „Opa, warum muss ich das Päckchen Kaugummi in meiner Jackentasche verstecken? Willst du es nicht bezahlen? Ich will endlich einen Kaugummi!"

„Wie bitte? Was soll das?"

Die ersten Leute begannen zu schauen, die Kassiererin unterbrach ihre Tätigkeit.

„Opa, bitte! Ich will Kaugummi!" Gitti hielt das Päckchen Kaugummi in die Höhe.

„Wollten Sie das klauen?", fragte die Kassiererin brüskiert.

„Ich, nein? Ich kenne ..." Weiter kam der ältere Mann nicht.

„Klauen, Opa? Du klaust?" Gittis Stimme klang laut und schrill. „Klauen? Und da heißt es immer, die heutige Jugend sei schlecht?! Dabei lernen wir nur von den Erwachsenen. Ich bin enttäuscht, Opa!" Gitti legte den Kaugummi auf das Band und lief davon. Sie grinste von einem Ohr zum anderen. Sie eilte zum Tisch, wo Enrico und Samuel saßen und tuschelten.

Die Verfolgungsjagd

„Ich hatte es mir doch gedacht!" Enrico triumphierte. Seine Augen ruhten auf dem Mann, der noch immer damit beschäftigt war, seine Sachen aus dem Schließfach in einen Rucksack zu packen.

„Wo warst du denn so lange?" Samuel blickte Gitti an, die sich eben zu ihnen an den Tisch setzte.

„Och, ich musste einem älteren Mitbürger eine kleine Lektion erteilen", sagte Gitti achselzuckend. „Er wollte mich nicht vorbeilassen und hat angefangen, über die heutige Jugend zu schimpfen. Da habe ich einfach den

Spieß umgedreht." Sie fuhr sich mit den Händen über ihre Zöpfe und setzte einen unschuldigen Blick auf. „Was habe ich verpasst?"

„Einiges! Zunächst: Enrico lag richtig. Dieser Mann hat Dreck am Stecken. Ganz gewaltig sogar. Er hat einen Ladendiebstahl begangen. Aber eigentlich muss ich ihm Respekt zollen. Seine Masche ist gut. Dort, wo er sich hingekniet hat, waren keine Artikel, die dort nicht hingehörten. Dann hat er vier Artikel bezahlt. Ich hatte die Gelegenheit einen Blick in seinen Rucksack zu werfen. Und Bingo! Darin lagen die übrigen Lebensmittel, die vorher im Korb waren. Wenn nicht noch mehr!"

„Also Ausdrücke hast du, Sam, du liest zu viel! Gut, dass du mal das wahre Leben kennenlernst."

„Danke, Enrico. Ich will an dieser Stelle nicht unerwähnt lassen, wie ausgezeichnet Enrico auf unsere Roller aufgepasst hat, während wir dem Herrn auf die Schliche gekommen sind."

„Ich wäre natürlich auch lieber ...", begann Enrico, ehe Gitti einwarf: „Hört auf, euch zu streiten! Ich glaube, er ist fertig." Alle blickten zum Schließfach. Der Mann streifte gerade den Rucksack über und schloss die Tür.

„Was machen wir?", fragte Gitti.

„Na, wir verfolgen ihn! Und sobald wir wissen, wo er wohnt, informieren wir die Polizei!" Samuel packte das Jagdfieber.

„Aber nicht alle zugleich, das wäre zu auffällig. Wir wechseln uns in sicherem Abstand ab", meinte Gitti.

„Gut, ich fange an!"

„Nein, warte noch!" Enrico hielt seinen Freund zurück. „Wie machen wir es an den Kreuzungen? Oder wenn er in den Bus einsteigt?"

„Dann fahren wir auch mit dem Bus. Los jetzt, sonst ist er weg!" Samuel stürmte davon. Mit dem linken Bein wollte er sich immer wieder kräftig vom Boden abstoßen. Doch er musste häufig innehalten, da einfach zu viele Menschen die Schiebetüren gleichzeitig passieren wollten.

Als er endlich im Freien stand, blickte er sich um. An der Fußgängerampel erkannte er den Mann mit der Lederjacke. Er hatte sich eine Zigarette angezündet und wartete in einer Menschentraube auf das grüne Ampelmännchen. Samuel preschte los. Er kam gerade rechtzeitig, als die Ampel umschaltete.

Auf der anderen Straßenseite drehte sich Samuel um. Enrico deutete hektisch irgendetwas zu ihm rüber. Samuel verstand nur Bahnhof. Wollte Enrico auf diese Art und Weise Flugzeugen beim Einparken helfen, keine Maschine würde auf ihrem angedachten Platz stehen.

Samuel drehte sich wieder um, aber der Mann war nicht mehr zu sehen. Langsam rollte Samuel weiter. Er entdeckte ihn an der Bushaltestelle. Oje, dachte Samuel, wenn jetzt der Bus kommt, muss ich glatt schwarzfahren.

Aber der Mann wartete nicht auf den Bus. Hier eilte den Kids der Zufall zu Hilfe. Der Mann kramte sein Handy hervor, steckte sich die Kopfhörer in die Ohren, wischte zwei, drei Mal über seinen Handybildschirm und schritt gemächlich die Straße entlang.

„Was ist, Samuel?", fragte Enrico, der mit Gitti unerwartet neben ihm stand.

„Nicht viel. Er hat Kopfhörer in den Ohren. Wir können also ganz langsam hinter ihm herfahren."

Enrico, Samuel und Gitti fuhren im Schritttempo die Weinhartstraße hinunter. Der Mann marschierte vor ihnen, ohne nach links oder rechts zu sehen. Dies tat er auch nicht beim Überqueren der Kreuzung. Einzig um sich eine Zigarette anzuzünden, blieb der Mann kurz stehen. Er ging bis zum Museum, wo im Sommer Kinofilme gezeigt werden. Dort bog er ab und blieb schließlich vor der Hausnummer 84 stehen. Er kramte den Schlüssel aus seiner Jackentasche und verschwand im Hausinneren.

Diesmal nahm Gitti die Sache in die Hand. Sie drückte den Klingelknopf rechts unten. Enrico trat neben sie und fragte erstaunt: „Wiesner, kennst du die?"

„Nein, ich will ..."

„Hallo?"

„Grüß Gott. Ich bin die Dagmar. Bitte lassen sie mich hinein, es ist ein Notfall." Aufgelegt. Kurz darauf öffnete sich links neben der Tür ein Fenster. Eine ältere Frau beugte sich heraus. Sie hatte ein Tuch um den Kopf gebunden und ein blaues Haushaltskleid an. Die Oberarme waren von kurzen rosafarbenen Ärmeln bedeckt.

„Was ist los, Dagmar?", fragte sie etwas burschikos.

Gitti reagierte erst, als Samuel ihr einen Stupfer in die Seite gab. „Ahso, Dagmar! Ja, ich."

„Sag die Wahrheit!", zischte Enrico.

„Also, meine Freunde und ich haben einen Mann verfolgt. Er hat lange Haare und eine Lederjacke."

„Wieso bitte verfolgt?"

Gitti überlegte fieberhaft.

„Er hat etwas verloren", begann sie, ehe Enrico ihr „Wahrheit!" zuflüsterte. Gitti atmete tief durch. „Nein, wir haben ihn beobachtet, wie er Sachen aus dem Einkaufszentrum gestohlen hat. Bitte, wir müssen die Polizei informieren. Lassen sie uns kurz rein!"

„Soso! Ihr wollt in die Wohnung. Na ja, man liest ja so einiges heutzutage. Vielleicht ist das ein fieser Trick."

„Bitte!" Samuel schaltete sich ein. „Sie decken einen Verbrecher. Je länger wir diskutieren, desto eher verschwinden die Beweise!"

„Ihr meint also, dass der Kobler vom dritten Stock …? Na, der hat sicher Dreck am Stecken. Schon wie der aussieht", entgegnete die Frau und war plötzlich Feuer und Flamme für die drei Kids.

„Bitte lassen sie uns endlich telefonieren!", flehte Gitti.

„Aber nur du, Dagmar. Die Jungs bleiben draußen. Versteht der Dunkelhaarige überhaupt unsere Sprache?"

„Wer, ich?" Enrico quollen fast die Augen raus. „Was soll diese Frage? Ich bin hier aufgewachsen."

„Ja, ja, das sagen sie alle! Das haben wir davon."

Enrico waren die Fragezeichen direkt anzusehen, die die letzte Bemerkung der Frau hinterlassen hatte.

Ein Summergeräusch ertönte an der Tür. Samuel stieß sie auf und Gitti eilte in die Wohnung.

„Pfeif, wenn du rauskommst! Wir pfeifen dann zurück!", rief Enrico ihr nach.

„Wir haben gar nicht besprochen, was sie sagen soll. Hoffentlich macht sie es richtig!"

„Natürlich, Sam. Sie macht das schon. Was hat die Frau gesagt?"

„Wegen dem Deutsch?", fragte Samuel.

„Nein, um Gottes Willen! Kobler heißt der Mann, oder? Und im dritten Stock wohnt er?"

„Was du gesagt?"

„Es ist keine Zeit für dumme Scherze, Sam!"

„Gehen wir nach oben?"

„Was willst du oben machen?", wollte Enrico wissen.

„Nichts, nur schauen."

„Los, komm! Wir müssen ja hier nicht gleich Wurzeln schlagen." Enrico und Samuel begannen, die Stufen nach oben zu steigen. Sie hatten gerade den ersten Absatz erreicht, als eine Tür laut ins Schloss fiel. Enrico und Samuel erstarrten.

„Du schaust nach oben, ich nach unten", sagte Enrico. Beide wirkten angespannt. Vorsichtig spähte Enrico nach unten. Ihn durchfuhr ein Schock. Da stapfte tatsächlich Johannes Kobler nach oben. „Schnell! Rauf! Bis ganz nach oben! Aber lautlos."

Zwei Stiegen auf einmal nehmend, liefen die Jungs das Treppenhaus hinauf. Enrico betete, dass es einen vierten Stock gäbe. Und seine Gebete wurden erhört. Im Vorbeilaufen sah er das silberne Türschild „Kobler" an einer weißen Tür hängen. Sie hasteten noch eine Etage höher. Enrico hatte Samuel deutlich abgehängt. Doch auch er schaffte es, ohne entdeckt zu werden. Beide blickten vorsichtig nach unten. Samuel klopfte das Herz bis in die Ohren. Er wagte es kaum, zu atmen.

Kobler stapfte die Stiegen herauf. Er hatte nach wie vor die Kopfhörer im Ohr. Er sperrte die Wohnungstür auf und keine zwei Sekunden später waren sie wieder alleine im Stiegenhaus.

„Wahnsinn! Gott sei Dank wolltest du nach oben gehen. Der wäre uns direkt in die Arme gelaufen. Wer weiß, was dann geschehen wäre." Samuel hechelte.

„Der wird sich noch wundern, wenn erst die Polizei kommt." Enrico rieb sich die Hände. „Hast du seinen Rucksack gesehen?"

„Ja, ist mir auch aufgefallen", bestätigte Samuel zwischen zwei Atemzügen. „Der Rucksack war flach wie eine Flunder."

„Er muss den Inhalt irgendwo entleert haben."

„Lass uns nachdenken! Er kommt ins Haus, in dem er, wie wir nun wissen, wohnt. Als Erstes geht er nach unten, wo er die Sachen verstaut, die er unter nicht geklärten Umständen, erworben hat."

„Da wird der Keller sein", warf Enrico ein.

„Ja, klar! Aber warum gibt er die Lebensmittel in den Keller?"

„Gute Frage, nächste Frage. Lass uns Mal nach unten gehen!" Im Eiltempo liefen sie die Stiegen nach unten, vorbei an der Wohnung von Frau Wiesner, in der Gitti hoffentlich beim Telefonieren war. Was tat sie dort so lange? Noch eine Etage tiefer. Sie standen zwischen zwei Stiegen. Links befand sich eine weiße Metalltür mit einem schwarzen Griff. Im ersten Drittel hing ein silbernes Schild, worauf mit schwarzen Lettern in Druckschrift „Kellerabgang" stand. Der runde schwarze Türgriff ließ sich in keine Richtung drehen. Die Tür war verschlossen. Man konnte nur mit einem Schlüssel in den Keller gelangen. Die Tür auf der rechten Seite besaß eine Klinke. Die braune Tür mit einem Milchglas, das ungefähr in Augenhöhe der Kids anfing und fast bis oben reichte, schwang nach außen auf. Enrico behielt den braunen

Türgriff in der Hand. Zwei Stufen führten nach unten in einen riesigen Innenhof. Mehrere Wäscheleinen hingen zwischen grünen Wäschestangen. Am hinteren Ende standen ein paar Bäume. Vereinzelt waren Blumenbeete angelegt, die ihre Blütezeit im Sommer schon hinter sich hatten. Samuel erkannte in einiger Entfernung drei, vier Holzhütten: möglicherweise Geräteschuppen oder auch Gartenhäuschen.

Enrico machte die Tür zu. Genau in dem Moment ertönte ein Pfiff durch das Stiegenhaus. Samuel formte Daumen und Zeigefinger zu einem Ring und legte die Finger zwischen seine Lippen. Er holte tief Luft. Enrico jedoch hinderte ihn am Pfiff.

„Bist du wahnsinnig, Sam?! Ganz leise zurückpfeifen. Du bist kein Trainer, der dem Spieler im gegnerischen Strafraum etwas sagen will. Wir wollen keine Aufmerksamkeit erregen. Noch nicht." Samuel formte die Lippen und pfiff ganz leise eine Melodie. „Ist schon genug, wir sind nicht beim Supertalent!"

Zwei Sekunden später stand Gitti neben ihnen.

„Pokerface von Lady Gaga! Stimmt´s?"

„Lady Gaga?" Enrico blickte seinen Freund von der Seite an.

Samuel bemerkte, wie ihm die Röte ins Gesicht stieg. Deshalb wechselte er ganz schnell das Thema. „Was gibt es von deiner Seite neues, Gitti?"

„Wir sind in der Zeughausgasse 84. Frau Wiesner hat mich zunächst einmal ausführlich ausgequetscht. Sie wollte alles wissen. Wieder und wieder hat sie gesagt, dass sie von Anfang an dagegen war, dass Kobler einzieht. Als sie realisiert hatte, dass nun gleich die Polizei kommen würde, bekam sie Stress und verschwand ins Badezimmer. Ich hörte Dinge klappern und Kästen auf- und zugehen. Kaum war sie im Bad verschwunden, nutzte ich die Gelegenheit meinen Opa anzurufen. Die Nummer kenne ich auswendig. Er war Gott lob zu Hause. Fassungslos hat er zugehört." Sie grinste. „Das Einzige, was Opa sagte, war: ‚Ihr Naseweise, was macht ihr für Sachen?'."

„Wie war das Gespräch mit der Polizei?", erkundigte sich Samuel.

„Na ja, am Anfang haben sie mir nicht richtig geglaubt, sagten aber, sie würden einen Wagen schicken. Was habt ihr so erlebt in der Zwischenzeit?" Samuel setzte Gitti ins Bild. Da hörten die Kids, wie eine Glocke schrillte und eine Tür geöffnet wurde.

Der Zugriff und die Suche nach Beweismitteln

Enrico, Samuel und Gitti stapften die paar Treppen von der Kellertür bis zum Erdgeschoss hinauf. Frau Wiesner stand vor der Tür.

Die drei mussten bei ihrem Anblick fast loslachen. Sie hatte sich in der Hektik die Haare zurechtgemacht. Das passte halbwegs. Allerdings hatte die Dame auch Schminke aufgetragen. Aber wie!

Frau Wiesner ähnelte einem Clown. Ihre Wangen sahen aus, als wäre sie in den Rougetiegel getaucht, und zwar kopfüber. Zwei dicke Striche umrahmten ihre Augen. Der Lippenstift war üppig und deutlich über das Ziel hinaus aufgetragen.

Gitti, Samuel und Enrico gingen zur Eingangstür und öffneten sie. Es dauerte nicht lange, da kam Gittis Großvater. Seine Haare waren unter einer ausgewaschenen, bunten Schildkappe versteckt. Er trug einen knallgrünen Jogginganzug. Um die Knie waren bereits links und rechts Patches aufgenäht. Links prangte ein Fußball, rechts knapp übereinander waren zwei rosa Sterne aufgenäht.

„Toni!", rief Enrico erfreut.

„Gitti hat mich angerufen. Ich habe bei der Gartenarbeit alles stehen und liegen lassen und bin sofort hierher geeilt. Was macht ihr Naseweise denn für Sachen? Ich habe euch doch ausdrücklich verboten Polizei zu spielen."

„Wenigstens bist du nicht im Feinrippunterhemd gekommen", kommentierte Gitti.

„Hast du etwa zwei Mal telefoniert?", fuhr Frau Wieser Gitti an.

„Das hat sie ganz richtig gemacht!", entgegnete Toni scharf.

Ein Auto bremste vor dem Haus. Jetzt wich jeglicher Ärger aus Frau Wiesners Miene. Drei Männer stiegen aus. Einer hatte das Telefon ans Ohr gepresst. Sie hörten eine tiefe Stimme: „Ich weiß selbst, dass ich wichtigere Dinge zu tun habe. Natürlich ... Ich verspreche, dass ich mich in zwanzig Minuten wieder darum kümmere. Ja ..., ja ..., ja!"

„Das ist Oberstleutnant Bruckner, von dem ich euch erzählt habe. Mein Freund", sagte Toni und ergänzte: „Ich habe ihn extra angerufen."

Samuel musste alle Vorstellungen von einem Kriminalbeamten über Bord werfen. Ein hagerer Mann betrat in Jeans, T-Shirt und Lederjacke das Stiegenhaus. Er trug schulterlange Rastalocken, hatte aber weder Handschellen noch eine Waffe dabei.

„Grüß Gott. Ich bin Frau Wieser. Ich habe die Kinder telefonieren lassen."

„Danke", ertöne abermals diese tiefe Stimme. „Toni! Servus! Du, ehrlich! Ich weiß schon, dass ich in deiner Schuld stehe, aber zuerst die E-Mail, jetzt der Anruf. Nutze es nicht zu extrem aus!"

„E-Mail?", wunderte sich Toni und warf einen Seitenblick auf seine Enkelin. Gitti sah zu Boden. „Ah ja? Danke, dass du dir die Zeit nimmst! Das sind meine Enkelin und ihre beiden Freunde Samuel und Enrico."

„Grüß euch. Na, und ihr habt den Ladendiebstahl beobachtet und seid dem Dieb bis hierher gefolgt?"

Voller Stolz erzählte Samuel die Geschichte.

„Gut gemacht. Na, dann wollen wir mal. Zeit ist Geld. Und Zeit habe ich heute überhaupt keine."

„Wieso, was ist?", erkundigte sich Toni bei seinem Freund. „Stell dir vor, heute ist ein Erpresserbrief aufgetaucht. Wegen Irene Grant. Fünfhunderttausend Euro. Die Summe verdoppelt sich mit jedem weiteren Tag, der verstreicht."

„Wo ist denn der Brief hingeschickt worden?"

„An Irenes Eltern. Er wurde an die Eingangstür gehängt. Zwar ist die Floskel wegen der Polizei drin, aber der Vater war so vernünftig, sich trotzdem zu melden. Und mein Chef hat nun mir die ganze Angelegenheit aufgehalst. Freies Wochenende ade."

Die zwei Polizisten standen daneben, bis Bruckner sagte: „Los jetzt! Wo wohnt der Dieb?"

„Im dritten Stock. Er heißt Kobler", antwortete Frau Wiesner, die einzige Person, an die diese Frage nicht gegangen war. Die „Prozession" wanderte die Treppen rauf. Vorneweg gingen Oberstleutnant Bruckner und seine zwei

Helfer, dahinter Toni und Gitti, gefolgt von Enrico und Samuel. Frau Wiesner schlich hinterher. So stellten sie sich vor Koblers Wohnungstür auf. Bruckner läutete.

„Das ist die Höhe! Jetzt läutest du auch –" Kobler brach mitten im Satz ab, erstaunt über die Menschenansammlung vor seiner Wohnung.

„Wen haben Sie denn erwartet?", fragte Bruckner.

„Was geht´s Sie an?"

„Kriminalpolizei, Oberstleutnant Bruckner!"

„Bullen? ... Ähm, Polizei? Warum?" Es war nicht viel, was ihn verriet, einzig der abrupte Wechsel seiner Gesichtsfarbe. Sein Teint war für mehrere Sekunden blass geworden.

Bruckner hielt seinen Polizeiausweis in die Höhe. „Sollen wir hier an der Schwelle reden oder wollen sie uns kurz hereinlassen?"

„Worum geht´s?"

„Sie sind beobachtet worden. Heute Vormittag haben Sie Lebensmittel gestohlen. Im Einkaufszentrum."

„Wer behauptet das?"

„Die Kinder hier." Bruckner trat zur Seite.

Koblers Blick verfinsterte sich. „Dich kenne ich doch, du ..., du Rotzbengel", motzte er Enrico an.

„Ja, wir kennen uns von Anfang der Woche. Damals habe ich Ihnen ja versprochen, dass wir uns wiedersehen. Und voilà, wir sehen uns wieder."

„Du solltest eine Tracht Prügel bekommen! Warum schwärzt du mich bei der Polente an?" Kobler machte einen schnellen Schritt nach vorn und packte Enrico am Arm. Genauso schnell war die Reaktion von Oberstleutnant Bruckner. Bevor Kobler mit dem zweiten Arm ausholen konnte, hatte der Polizist diesen gefasst.

„Lassen Sie sofort los!", zischte er. Kobler blieb nichts anderes übrig, als zu gehorchen. Bruckner schob ihn nun in die Wohnung. Noch bevor einer der anderen eintreten konnte, drängte Frau Wieser von hinten nach. Sie wollte nichts verpassen. Toni schüttelte den Kopf. Enrico, Gitti und er traten ebenfalls ein. Einzig Samuel blieb zurück. Er wollte sich gar nicht ausmalen, was dieser Kobler alles mit Enrico gemacht hätte.

Bis jetzt war viel passiert an diesem Tag. Um sich ein wenig zu beruhigen, schlenderte er die Treppe nach unten. Als er die Haustür sah, setzt er sich auf eine Stiege, legte seine Arme auf seine Knie und vergrub sein Gesicht darin. Samuel ließ seinen Gedanken freien Lauf.

Johannes Kobler war fuchsteufelswild. Er kochte. Zuweilen war es wirklich besser im Bett zu bleiben. So einen Tag durchlebte er heute. Oder wollte ihn jemand verarschen und alles ist nur ein Beitrag für die Fernsehshow „Versteckte Kamera"? Alle waren nun in seiner Küche. Der Bulle, der ihm verschiedene Fragen stellte, die Frau, die er aus dem Haus zu kennen glaubte. Wie hieß sie nur:

Weichsel oder Wiener oder so ähnlich? Arbeitete die Dame in ihrem Alter noch beim Zirkus? Dann ein alter Typ in Jogginghosen, den er wirklich nicht kannte. War er der Alte von dieser Weichsel oder wie die heißt? Dazu noch ein Mädchen und er: der Rotzbub, der Satansbraten.

Der erzählte gerade: „Die ersten Lebensmittel hat er im Schließfach aufbewahrt. Dann ging er mit einem zweiten Rucksack erneut ins Geschäft. Schließlich hat er alle Lebensmittel in einen gepackt und ist dann nach Hause gegangen."

„Lügen! Nichts als Lügen!", brüllte Kobler hysterisch.

„Ruhig bleiben, Herr Kobler!", forderte Bruckner. „Was hat denn der Herr alles mitgenommen?"

Gitti antwortete nachdenklich wie bei einer Prüfung: „Eine Dose Ravioli, ein Glas Gurken ..., dazu noch Weizentortillas."

„Alles Lügen!", konterte Johannes Kobler abermals scharf. Triumphierend ging er zum Kühlschrank und öffnete die Kühlschranktür.

„Bitte, nichts von dem, was diese Göre behauptet hat, ist hier!", brüllte er lautstark.

Ein Blick in den Kühlschrank genügte. Etliche Flaschen Bier, eine geöffnete Weißweinflasche, eine angebissene Fleischkäsesemmel, ein Päckchen Milch und ein Stück Graukäse waren der einzige Inhalt. Johannes Kobler öffnete noch weitere Küchenschränke.

„Lügner! Man sollte Sie verdreschen!" Enrico war echt sauer.

„Ja, dann!" Bruckner versuchte, ein unverfängliches Lächeln aufzusetzen. „Entschuldigen Sie die Störung." Bruckner wandte sich zum Gehen.

Kobler grinste kurz, dann sah er Enrico bitterböse an.

„Du bist mein nächstes Opfer", flüsterte er in Enricos Richtung und rieb seine rechte Faust in der linken Hand.

Das Knallen einer Tür beförderte Samuel zurück ins Hier und Jetzt. Kurz darauf wurde ein Schlüssel ins Schloss gesteckt und eine zweite Tür fiel ins Schloss. Samuel blickte auf. Vor ihm war keine Person zu sehen. Er neigte den Kopf nach oben. Nichts. Er hörte weder Stimmen noch Füße. War er eingeschlafen? War jemand an ihm vorbeigegangen? Nein, das konnte Samuel ausschließen. Zwei Türen, die binnen Kurzem ins Schloss fielen. Dazwischen Sperrgeräusche.

Siedend heiß wurde Samuel bei der Erkenntnis, die in ihm hochstieg. Jemand war vom Hof gekommen und in den Keller gegangen. Ob die Keller in anderen Häusern auch auf diesem Weg begehbar waren? Ob Kobler einen Komplizen hatte, den er so in aller Stille verständigen konnte? Samuel schluckte. Er wusste, was zu tun war. Langsam stieg er hinunter. Samuel positionierte sich zwischen der Tür zum Hof und der Kellertür.

Enrico hielt seine Hände geballt und Toni sah Gitti streng an, während sie beteuerte: „Opa, ich schwöre, das ist die Wahrheit!"

„Herr Oberstleutnant, einen Moment noch", sagte Enrico. „Eine Sache hätte ich noch."

„Was noch, du Opfer?", funkelte Kobler.

Bruckner kehrte noch einmal zurück. Er wirkte nun genervt. „Ich habe heute wirklich keine Zeit für so etwas. Was ist denn noch?"

„Herr Kommissar, ich bitte Sie, mich anzuhören."

„Ich bin kein Kommissar."

„Herr Polizist." Enrico drehte sich um und sah Kobler direkt in die Augen. „Hier können die gestohlenen Sachen gar nicht sein. Weder in seinem Kühlschrank noch sonst irgendwo." Die nächsten Worte sprach er ganz langsam und betont. „Denn der Mann hier hat alles in den Keller getragen, bevor er zurück in seine Wohnung ging."

Kobler wollte auf Enrico losgehen, doch Bruckner stellte sich vor ihn. „Interessant. Können wir kurz in den Keller gehen?"

„Wieso?" Koblers Stimme wurde plötzlich schrill.

„Wenn der Junge lügt, haben Sie ja eigentlich nichts zu befürchten, oder?"

„Haben sie einen Durchsuchungsbefehl?"

„Wo ist der Kellerschlüssel?"

„Durchsuchungsbefehl!"

„Den brauche ich in Akutsituationen nicht. Herr Kobler, führen Sie uns bitte in den Keller!" In dem Moment piepste das Handy von Johannes Kobler.

Irgendwo

Sie wachte auf. Die Kleidung pickte an ihrem Körper. Sie fühlte sich überhaupt klebrig an. Ihre Haare waren ganz nass. Es fühlte sich an, als würde sie in einer Pfütze liegen. Sie hatte unglaublichen Durst. Auch ihr Magen fühlte sich an, als ob er etwas vertragen konnte.

Vorsichtig hob sie den Kopf. Ein wenig Licht fiel durch ein paar Ritzen der Jalousie. Sie blickte sich im Raum um. Soweit sie erkennen konnte, war es ihr Zimmer. Der Wecker auf dem Nachtkästchen zeigte fünfzehn Minuten nach fünf an. War das in der Früh oder am Abend? Katharina horchte hinaus. Sie vernahm nichts. Arme und Beine waren noch ein wenig eingerostet, funktionierten aber wieder ganz gut. Sie streckte sich. Langsam schlug sie die Decke zurück, schwang ihre Beine aus dem Bett und setzte sich auf. Einige Sekunden lang überfiel sie ein Schwindel.

Katharina atmete tief durch, dann stand sie auf. Ein wenig wackelig zuerst tapste sie zur Zimmertür. Sie vernahm eine Stimme. Ein dumpfes Licht schien aus dem Wohnzimmer. Katharina glaubte, den Fernseher zu hören.

„Mama?!", rief sie, musste sich dabei aber zwei Mal räuspern, bis ein Ton herauskam. Ihr Mund war dafür zu trocken.

„Katharina!", hörte sie und Sekunden später stand ihre Mutter neben ihr. Sie nahm ihre Tochter in die Arme. „Wie geht es dir? Hast du Schmerzen?" Die Mutter griff ihr an die Stirne und befühlte ihre Wangen.

„Nein, eigentlich nicht. Ich habe nur Hunger und Durst."

„Ja, natürlich! Was möchtest du?"

„Was steht zur Wahl?"

„Na ja, ich könnte dir die Gulaschsuppe von gestern aufwärmen. Nudeln mit Tomatensoße wären gleich gemacht. Oder ein Debreziner?"

„Ich nehme das Debreziner. Mit Senf und Brot. Hast du eine Cola?"

„Ja, bekommst du auch. Soll ich dir alles ins Zimmer bringen?"

„Ja, bitte!"

Die Mutter sah Katharina tief in die Augen. „An was kannst du dich eigentlich noch erinnern?"

Katharina überlegte. „Ich bin früher von der Schule gekommen, weil ich so müde war. Dann hast du mir Fieber gemessen. Ich habe mich hingelegt."

„Sonst weißt du nichts?"

„Ich müsste nachdenken, warum?"

„Na, dann habe ich ein paar tolle Geschichten für dich. Wir beide haben einiges erlebt, während du geschlafen hast." Die Mutter zwinkerte ihr zu.

Kurze Zeit später verströmten das Würstel, der Senf und der frisch geriebene Kren ihren Duft in Katharinas Zimmer. Zum Essen kam das Mädchen vorerst aber nicht. Ungläubig lauschte sie den Geschichten der Mutter. Sie habe laut über Pater Anton geflucht und ein paar Gebetsfetzen von sich gegeben. Außerdem war sie aus dem Bett gestürzt und hatte sich in die Hose gemacht. Papa und sie mussten ihr frische Sachen anziehen. Danach hätten sie versucht, ihrer Tochter etwas zu trinken und zu essen zu geben. Doch Katharina hätte den Mund nicht geöffnet.

„Nein, ich kann mich an nichts erinnern!"

„Na ja, du hattest auch sehr hohes Fieber. Aber das Schlimmste scheint ja nun überstanden zu sein", sagte die Mutter und ging aus dem Zimmer.

Katharina schüttelte den Kopf. Was es für Sachen gibt, dachte sie und biss in ihr Debreziner, welches nun lauwarm war.

Eine unerwartete Wendung

Katja lag auf der Liege und starrte zur Decke. Dort kannte sie inzwischen jeden Zentimeter. Die letzte Woche über hatte sie diese Holzvertäfelung geradezu studiert. Was sollte sie auch anderes machen? Zeit ist wirklich ein relativ dehnbarer Begriff.

Hoffentlich war nun alles seinen vorgesehen Weg gegangen. Katja selbst war erstaunt, wie viele und vor allem unerwartete Störgeräusche es geben konnte. Dabei hatten sie bei der Planung sämtliche Eventualitäten, die ihnen eingefallen waren, berücksichtigt. Doch scheinbar besaß der Spruch: „Es kommt anders, als man denkt" eine tiefe Wahrheit. Sie stand auf und machte sich zurecht. Inzwischen waren es Routinehandlungen. Keine fünf Minuten später schlich sie über den Innenhof.

In der Wohnung im dritten Stock weigerte sich Johannes Kobler immer noch, in den Keller zu gehen. Sein Gesicht hatte inzwischen eine ungesunde rote Farbe angenommen. „Ich sage es zum letzten Mal – geben sie uns endlich den Kellerschlüssel!" Roland Bruckner war immer noch sehr geduldig.

„Nein!"

„Hier habe ich den Schlüsselbund. Er war in seiner Jacke." Niemand hatte bemerkt, dass Gitti aus dem Raum geschlichen war. Sie suchte den Schlüssel zunächst bei der Wohnungstür. Da war er aber nicht. Dann entdeckte sie die Lederjacke an der Garderobe. Ein kurzer Griff in die Seitentasche genügte.

„Ist der Kellerschlüssel an diesem Schlüsselbund?" Ein paar Sekunden lang trat Stille ein. „Gut, wir gehen nach unten und versuchen einfach alle durch."

Johannes Kobler wurde blass. Er stürzte auf Bruckner zu. Die zwei Polizisten waren zur Stelle, und Koblers Arme waren auf seinem Rücken, so schnell konnte er gar nicht reagieren.

Katja war außer sich vor Wut. Sie stand vor dem Tisch im Keller von Johannes Kobler und ärgerte sich. Die Hälfte der Dinge hatte sie gar nicht bestellt. Irgendwie hatte sie die Kontrolle verloren. Es galt, diese sofort zurückzugewinnen. Schritt eins: Johannes Kobler unter Druck setzen. Sie holte ihr Handy hervor und tippte: „Komm sofort in den Keller! Aber dalli!"

Bruckner ging voraus Richtung Keller. In der zweiten Reihe marschierte Frau Wiesner. Ganz hinten die Kids und Toni. So kamen sie bei Samuel an.

„Welcher Schlüssel passt?", fragte Bruckner.

„Ich sage nichts!"

„Ich kann helfen", meinte Frau Wiesner.

Sie schob sich nach vorn, nahm den Schlüsselbund und suchte den Schlüssel. Schließlich fand sie ihn und sperrte die Kellertür auf. „Bitte, gerne!"

„Was suchen Sie eigentlich hier, Sie Hexe?!", fauchte Kobler Frau Wiesner an.

Katja stand noch immer am Tisch, als sie hörte, wie die Türe aufgesperrt wurde. Sie erkannte die Stimme von Johannes Kobler. Aber war der jetzt komplett übergeschnappt? Da waren noch andere Leute dabei. Wie konnte er auf die Schnapsidee kommen, andere Menschen mit hier runterzunehmen? Eile war geboten. Hektisch und so leise wie möglich schloss sie das Abteil und lief in eine dunkle Ecke, die nahe der Stiege lag. Katja wagte kaum zu atmen. Als sie den Zug sah, quollen ihr fast die Augen aus den Höhlen. Ein Unbekannter schritt vorneweg. Kobler wurde von zwei Männern festgehalten. Sie bemerkten sie nicht. Katja wartete, bis die drei im Kellerabteil verschwunden waren, und schlich dann so leise wie möglich die Stiege hinauf. Als sie die Tür erreichte, standen da drei Kinder herum. Sie hastete an ihnen vorbei.

Samuel hielt Enrico zurück. Auch Gitti blieb stehen. „Wie ist es gelaufen?", fragte Samuel. Enrico erzählte kurz und bündig. „Und wieso bist du nicht mit hineingegangen?", wollte Gitti wissen.

„Ich wollte meine Ruhe haben. Außerdem habe ich seltsame Geräusche gehört. Jemand ist vom Hof gekommen und in den Keller gegangen. Bis jetzt ist dieser nicht wieder zurückgekehrt."

Die Kids blieben oben stehen. Da kam die Frau in ihren Blick. Sie hatte rote Haare. Sie eilte an Enrico, Samuel und Gitti vorbei, wobei sie Samuel mit einem leichten Schupfer aus dem Weg räumte, und stürmte in den Hof.

„He!", rief Samuel erbost.

„Sei still!" Enrico hatte der Frau bei ihrem Vorbeieilen in die Augen gesehen. Irgendwoher kannte er sie, so viel war sicher. „Gitti, hole die Erwachsenen! Samuel, komm mit!"

Enrico riss die Tür zum Hof auf und sprintete los. Samuel lief hinter ihm her, ohne zu wissen warum. Es dauerte einige Sekunden, bis Enrico sich orientiert hatte. Dann sah er die Dame hinter einem Baum stehen.

„Halt, bleiben Sie stehen!" Enrico lief direkt auf den Baum zu. Die Dame wollte noch weglaufen, doch Enrico packte sie am Arm. „Warten Sie kurz! Ich will mit Ihnen reden."

„Was willst du Bengel von mir?"

„Herr Bruckner, hier sind wir!", schrie Samuel und sprang winkend auf und ab. Der Polizist eilte auf die drei zu.

„Loslassen! Was sind das für Manieren?" Die Frau war wütend und wollte sich mit Macht losreißen.

„Was soll das?", fragte nun Bruckner.

„Entschuldigen Sie, Herr Kommissar. Diese Frau ist aus dem Keller gekommen, während Sie und die anderen unten waren. Ich weiß nicht so recht, aber ich kenne sie irgendwoher."

Bruckner zuckte kurz.

„So, jetzt sage ich euch was", meinte er. „Euer Engagement ist wirklich löblich. Ihr habt heute viel Mut bewiesen. Aber ihr könnt doch nicht unschuldige Bürger festhalten, nur weil sie aus einem Keller kommen, wo ihr etwas Verdächtiges gefunden habt."

Katja horchte auf. Sie zerrte an ihrem Arm und fuhr Enrico an: „Erstens: loslassen! – Danke! Zweitens: Was haben Sie gerade gesagt? Sie sind Polizist?"

„Ja, entschuldigen Sie, meine Dame. Mein Name ist Bruckner. Oberstleutnant, Kriminalpolizei Innsbruck."

„Was haben Sie gesagt? Was haben diese Buben gemacht?"

„Nichts, meine Dame. Sie waren sehr mutig, da sie mit ihren Rollern einen Ladendieb bis zu seiner Wohnung verfolgt haben."

„Das ist ja löblich! Gratuliere!" Sie blickte noch einmal Enrico und Samuel an. Gitti kam hinzu. „Und was droht dem Dieb nun?"

„Na ja, das wird sich zeigen. Er kommt auf alle Fälle mit aufs Revier." Während die Erwachsenen weitersprachen, beobachtete Enrico diese Dame genau.

„Was hast du?", erkundigte sich Gitti.

„Ich weiß nicht. Irgendetwas stimmt mit dieser Frau nicht. Ich bilde mir ein, sie zu kennen, aber nicht in dieser Form."

Gitti schaute auf und musterte die Dame von oben bis unten. „Ich weiß nicht. Ich kenne sie auf den ersten Blick nicht."

„Wirklich nicht? Dabei dachte ich, wir hätten sie ..." Enrico sah die Dame noch einmal an. Dann machte er zwei schnelle Schritte nach vorn und zog an ihren roten Haaren.

„Was machst du da?!", schrie die Dame.

Bruckner war zunächst perplex.

„Lass sofort die Dame los!", brüllte er Enrico an.

„Ich denke nicht daran. Ich weiß jetzt, was mich gestört hat. Ich kenne die Dame von einem Foto. Sie hat nicht rote Haare. Das ist eine Perücke. Die Dame ist in Wirklichkeit ..."

„Lass sofort los, du tust mir weh!", kreischte die Dame. Enrico zog in alle Richtungen. Da löste sich die Perücke ein wenig, allerdings für alle sichtbar. Es war Irene Grant. Wäre soeben ein Bus mitten durch den Hof gefahren, Bruckner, Gitti und Samuel hätten gleichermaßen gestaunt. Irene Grant machte einen letzten, verzweifelten Versuch wegzulaufen, doch in dieser Situation war Bruckner hellwach. Ein kurzer Sprint, dann hatte er die Dame eingefangen. „Mitkommen! Sie sind verhaftet."

Auf dem Polizeirevier

Mit Irene Grant im Schlepptau kehrten die Kids und Oberstleutnant Bruckner zurück in den Keller. Dort stand Toni mit Frau Wiesner im Flur. Sie befanden sich vor dem Kellerabteil von Johannes Kobler. Diesen bewachten die Polizisten vorsorglich in seinem Keller. So konnte er nicht weglaufen. Wie ein wilder Tiger lief Kobler laut fluchend im Kreis.

„Kennen Sie diese Frau?", fragte Bruckner.

Kobler blickte kurz auf. „Nein, nie gesehen!"

Der Polizist nahm die Perücke und setzte sie Irene Grant wieder auf.

„Katja?!", entfuhr es Kobler.

„Du Idiot!" Irene Grant schlug sich theatralisch die Hand auf die Stirn.

„Das reicht vollkommen aus!" Bruckner hatte via Handy ein weiteres Polizeiauto angefordert. In sein Auto quetschte er Johannes Kobler und Irene Grant. Mit dem zweiten Auto wurden Enrico, Samuel und Gitti abgeholt. Auch Toni durfte ins Auto steigen. Zurück blieb einzig

Frau Wiesner. Sie war zunächst ein wenig verdattert, musste sich dann allerdings mit den Umständen abfinden. Kopfschüttelnd ging sie in ihre Wohnung zurück. Auch so hatte sie genügend Gesprächsstoff für ihre nächsten Kaffeekränzchen gesammelt.

Als die vier bei der Polizeidirektion ankamen, wurden sie von einer langhaarigen blonden Polizistin in Empfang genommen, die ihre Haare zu einem Zopf geflochten hatte und tiefblaue Augen besaß. In den Ohren trug sie Perlenohrstecker.

„Ah, die Helden des Tages!" Ihre Begrüßung war ein Ohrenschmaus für die Kinder und deren Taten wahrlich angemessen. Die Kinder wurden in den ersten Stock geführt. Dort setzte die Polizistin sie in einen Raum, in dem sich ein langer Tisch mit mehreren Stühlen auf beiden Seiten befand. Auf dem Tisch standen mehrere Gläser Orangensaft und eine Schüssel mit Knabbereien.

„Ich habe zur Feier des Tages Pizza für euch bestellt. Roland wollte es so." Etwa zwanzig Minuten waren vergangen, bis die Polizistin vier Pizzakartons brachte. Enrico, Samuel, Gitti und Toni begannen voller Heißhunger zu essen.

„Ich merke erst jetzt, was ich für einen Hunger habe", meinte Enrico zwischen zwei Bissen.

„Ja, Verbrecherjagd macht hungrig", stimmte Samuel mit vollem Mund zu.

Sie hatten noch nicht zu Ende gegessen, als Bruckner in den Raum kam.

„Schmeckt´s?", fragte er.

„Ja, danke!", antworteten die drei wie aus einem Mund.

„Lasst euch nicht stören! Ich wollte euch nur schnell noch zwei Dinge sagen. Oder drei. Erstens: Gut gemacht! Zweitens: Es wird noch ein Journalist kommen, der mit euch reden will. Drittens: Ich habe noch eine Überraschung für euch."

„Was haben die zwei gesagt?", wollte Enrico wissen.

„Wir sind noch beim Verhör. Nur so viel, beide sind geständig. Wie es scheint, hat Johannes Kobler tatsächlich nichts von der Sache gewusst. Er wurde von einer Katja, die sich jetzt als Irene Grant entpuppt hat, für eine kleine Summe engagiert, Sachen zu stehlen. Er behauptet, ansonsten nichts gewusst zu haben. Auch sagt er, niemals davor geklaut zu haben. Dagegen spricht die Aussage von Irene Grant, dass sie Kobler bereits lange beobachtet hatte. Er geht immer mit Rucksack einkaufen, nimmt kleine Mengen mit, bezahlt aber nur zwei oder drei Artikel. Mit ihrem Wohnungskollegen und Lebensgefährten Stefan Lustner entwickelte sie einen Plan, um schneller einen Teil ihres Erbes zu erhalten. Scheinbar waren die Großeltern sehr reich. Die Eltern von Irenes Vater hatten in der Schweiz ein Vermögen angehäuft. Das Vermögen erbte der einzige Sohn, Irenes Vater. Doch die

Eltern von Irene leben sehr sparsam. Sie haben das Erbe noch in keinster Form angerührt. Wäre eigentlich gut, denkt man. Aber Irene wollte das Geld, und zwar jetzt und sofort. Für eine Weltreise und noch viel mehr. Sie wollte nicht länger warten. Irene und Stefan haben die Sache geplant. Eine vorgetäuschte Entführung und dann die Lösegelderpressung an Irenes Eltern. Laut ihrer Aussage hat Lustner von den kleinen Gartenhäuschen im Innenhof gewusst. In einem davon hat sie sich einquartiert. Kobler hat ihr einen Schlüssel gegeben, so kam sie in den Keller und konnte sich die gestohlenen Lebensmittel holen. Ein Auto fährt gerade in die Bienerstraße, um Lustner abzuholen. Sobald sie das Geld gehabt hätten, wären sie ins Ausland gefahren. Wir sind noch nicht fertig, aber wie gesagt, Chapeau Kids."

Bruckner sprach noch kurz mit Toni, ehe er den Raum verließ. Nicht nur die Pizza schmeckte Enrico, Samuel und Gitti, die letzten Worte des Polizisten waren den Kids runtergegangen wie Honig. Voller Stolz stopften sie weiter Pizza in sich hinein. Keiner sagte etwas. Mit der Ruhe war es allerdings bald wieder vorbei. Abermals öffnete sich die Tür und ein Mann trat ein. Er zog sich die Jacke aus.

„Tut mir leid, dass ihr warten musstet, aber wie ich sehe, seid ihr ja bestens versorgt." Er lachte über seinen eigenen Scherz. „Ich bin Karl Blitzer, Fotograph und Journalist." Er setzte sich an den Tisch, kramte einen Zettel und einen Kugelschreiber aus seiner Tasche und legte die Hände aneinander. „So, nun erzählt mal etwas über euch!"

Da er Samuel anblickte, fühlte dieser sich bemüßigt anzufangen. Er erzählte ein wenig von seiner Person und wie die Geschichte angefangen hat.

Blitzer ging reihum. Die Nächste war Gitti. Er schrieb den Namen unter Samuel und zum Schluss wandte er sich an Enrico. Es sprudelte nur so aus den Kids heraus. Am Ende sprachen sie alle durcheinander.

„Stopp, stopp!" Blitzer lachte. „Ich kann euch gar nicht mehr folgen. Am besten ist, ich stelle noch ein oder zwei Fragen und einer von euch antwortet. Zum Beispiel, hat eure Detektivbande einen Namen?"

Alle drei schwiegen. Enrico starrte auf seine Pizza, Samuel an die Wand und Gitti auf den Zettel des Journalisten. Sie las die Namen, die ganz links standen. Da begann sie zu grinsen. „Wir sind die Saggenbande!"

Enrico und Samuel sahen sie fragend an.

„Ja, klar!", fuhr sie begeistert fort. „Aus zwei Gründen. Zum einen ist es eine Anlehnung an unsere Vornamen. Jeder ist mit zwei Buchstaben vertreten. Anfang und Ende sind so oder so erklärbar. Das SA von Samuel und das EN von Enrico. Ja, ich heiße zwar Brigitte, aber jeder nennt mich nur Gitti. Und mein Spitzname ist Gugelhupf Gitti, weil ich so gerne Gugelhupf esse. Da kommen die zwei G her. Der zweite Grund ist noch viel einfacher: Wir wohnen alle drei in diesem Ortsteil und gingen dort in die Volksschule."

„Ja!", sagte Enrico zur Bestätigung. „Wir sind die Saggenbande!"

Blitzer hatte noch ein paar Fragen, dann ging es ans große Fotoshooting, und zwar in allen möglichen Positionen. Mal knieten die Buben und Gitti stand dahinter, mal saßen alle drei nebeneinander. Sogar Bruckner musste noch einmal kommen, damit Blitzer ein paar Bilder mit der „Saggenbande" und ihm machen konnte. Bei der Gelegenheit informierte Bruckner sie, dass Stefan Lustner auf der Inspektion sei und ebenfalls verhört wurde. Auch er habe inzwischen teilweise gestanden, behaupte aber, dass alles Irenes Idee gewesen sei und sie ihn gezwungen habe, bei der Sache mitzumachen. Bruckner verabschiedete sich endgültig, nachdem er sich noch einmal ausführlich bei den drei Kids bedankt hatte. Auch Blitzer packte zusammen und ging.

Toni nutzte die Gelegenheit und schlug vor, alle drei nach Hause zu bringen. Sie standen auf und zogen ihre Jacken an. Da öffnete sich die Tür erneut und ein Mann trat ein. Er hatte einen schwarzen Hut auf, sein dunkelblauer Mantel war offen und man sah darunter einen schwarzen Anzug mit einem weißen Hemd und einem roten Krawattenknoten.

Der Mann nahm seinen Hut ab. „Grüß Gott." Alle blickten ihn an. „Mein Name ist Grant. Ich wollte mich noch persönlich bei euch Helden bedanken. Ich bin der Vater von Irene. Ich kann gar nicht verstehen, was das Mädchen dazu getrieben hat." Er schluckte mehrmals. Es war ihm deutlich anzusehen, dass er mit den Tränen kämpfte. Nach einigen Momenten hatte er sich wieder gefasst. „Entschuldigt. Ist heute ziemlich viel für mich."

Toni trat vor und legte die Hand auf die Schulter von Herrn Grant. So standen die Männer einige Momente da. Schließlich nickte Grant, bedankte sich kaum hörbar und wandte sich wieder an die Kinder. „Also: ‚Lange Rede kurzer Sinn', ihr habt Großartiges geleistet. Ich möchte mich bei euch bedanken." Er griff in die Innentasche seines Mantels und zog drei Kuverts heraus. Er reichte Samuel, Gitti und Enrico je eins. „Ist nur eine Kleinigkeit. Als Dankeschön."

Samuel bekam rote Wangen, auch Gitti und Enrico waren verlegen.

„Danke, das wäre doch nicht notwendig", stammelte Enrico.

Alle verließen den Raum. Toni ließ ein Taxi rufen. Die Scooter wurden im Kofferraum verstaut. Die drei Kids kletterten auf die Rückbank. Enrico hielt sein Kuvert noch in der Hand. Er schwenkte es hin und her. Samuel sah das und forderte ihn auf, es zu öffnen.

Mit dem Zeigefinger öffnete Enrico das Kuvert. Er blickte hinein. Seine Augen wurden größer und größer.

„Das sind ja", er zog die Geldscheine heraus, „dreihundert Euro." Im Nu öffneten auch Gitti und Samuel ihre Kuverts. Alle beinhalteten denselben Betrag.

„Wahnsinn, so viel Geld!" Samuel war überwältigt.

„Na ja, immer noch deutlich weniger als gefordert wurde", entgegnete Enrico.

„Das ist echt nett von Herrn Grant. Schließlich ..." Gitti machte eine kleine Pause. „... sind wir heute Helden!" Alle lachten, bis auf den Taxifahrer natürlich.

Das Ende ähnelt dem Anfang

Samuel trat von einem Fuß auf den anderen. Die Rotphase der Fußgängerampel schien ewig zu dauern. Dabei wollte er doch unbedingt nach Hause. Vor einer Woche hatte alles angefangen, mit einem Zeitungsartikel beziehungsweise einem Besuch in der Apotheke.

Als die Kirchenglocken die Mittagsstunde ankündigten, erschien endlich das grüne Fußgängermännchen auf der Ampel. So schnell ihn seine Beine trugen, rannte er an der Apotheke vorbei nach Hause. Vor etwas mehr als einer Woche hatte Samuel das Gespräch zwischen Frau Schiebel, ihrer Bekannten und der Apothekerin mitgehört. Zu Hause hatte er dann den besagten Artikel in der

Zeitung gefunden und mit Enrico die Ermittlungen begonnen.

Noch bevor das Trio komplett war, hatte Enrico das entscheidende Gespräch mit dem Mann geführt, der, ohne es zu wissen, ihnen den Weg zur vermeintlich entführten Frau zeigen sollte.

Gitti, Enrico und er schlossen sich zusammen. Sie sprachen mit Toni, dem Großvater von Gitti. Noch am selben Tag stellten sie zum ersten Mal Stefan Lustner zur Rede. Aus ihm war aber nichts herauszubekommen. Trotzdem gab es für die drei Freunde einige Anhaltspunkte, ihn weiter zu beobachten. Auch die zweite Begegnung ließ sie nicht von ihrem Verdacht abkommen. Das große Finale war im Einkaufszentrum. Von da an nahmen die Dinge ihren Lauf.

Zuhause angekommen führte sein erster Weg direkt zum Lesetisch im Wohnzimmer. Tatsächlich fand er dort die aktuelle Ausgabe der Tageszeitung. Samuel nahm die Zeitung und wollte gerade in sein Zimmer starten, als seine Mutter nach ihm rief.

„Was ist denn?!", schrie er zurück.

„Was wird wohl sein? Kommst du bitte Mittagessen? So fleißig bist du doch sonst nicht. Hast du viel Hausübung?"

„Nein, nein, ich bin schon unterwegs!" Missmutig warf er die Zeitung zurück auf den Tisch und ging in die Küche. Ein Teller mit dampfenden Nudeln erwartete ihn dort: Spaghetti Bolognese. Eine seiner Lieblingsspeisen. Samuel gab geriebenen Parmesan über seine Portion und begann begierig zu essen. Nach einigen Bissen hielt er inne. Irgendetwas stimmte nicht. Er blickte auf. Seine Mutter saß ihm gegenüber und hatte ihr Pastagericht noch gar nicht angerührt. Sie sah Samuel mit ernstem Blick an.

„Was ist?", erkundigte sich Samuel vorsichtig.

Es folgte eine Moralpredigt. Auch der Herr Sohn dürfe im Haushalt mithelfen. Zum Beispiel aufdecken. Das wäre wohl nicht zu viel verlangt. Nur weil es der feine Herr in die Zeitung geschafft hat, bedeute dies nicht, dass er von sämtlichen Pflichten befreit sei. Samuels Mutter hatte sich in einen wahren Redeschwall reingesteigert. Samuel hörte geduldig zu, entschuldigte sich ab und an und aß schließlich weiter.

Wortlos blieb er sitzen, bis seine Mutter ihre Gabel weglegte. Nach ihrer Ansprache hat sie kein Wort mehr gesprochen. Samuel nahm die beiden Teller und brachte sie zum Abwasch. Danach räumte er auch noch die Gläser ab. Zum Schluss machte er noch einen Hollersaft mit Leitungswasser und stellte ihn auf den Tisch. Zusätzlich legte er noch ein neues Gedeck für seinen älteren Bruder auf, der später von der Schule kommen würde. Als alles fertig war, verließ er wortlos die Küche, eilte ins Wohnzimmer, schnappte sich die Zeitung und ging auf sein

Zimmer. Dort breitete er die Tageszeitung auf dem Boden aus und begann darin zu blättern. Beim Innsbrucker Lokalteil wurde er endlich fündig. Mit stolzgeschwellter Brust las er den Artikel, der in der unteren Hälfte der linken Seite abgedruckt war.

Mit Wagemut und Durchblick gegen Verbrechen

Drei Kinder im Alter von zwölf Jahren haben einen besonderen Coup gelandet. Samuel Ditze, Enrico Pfeisler und Brigitte Gießner beobachteten einen Ladendieb. Kurz entschlossen verfolgten sie den Dieb bis zu seiner Wohnung. Dort informierten sie die Polizei und warteten, bis die Beamten eintrafen. Während der Wartezeit machte die Saggenbande, wie sich die Kids in Anlehnung an ihren gemeinsamen Wohnort und ihre Vornamen nennen, zusätzlich eine Beobachtung von Bedeutung. Den Kids gelang es, die als entführt gegoltene Irene Grant zu finden. Somit konnte nicht nur das Verschwinden aufgeklärt, sondern auch eine geplante Erpressung im Keim erstickt werden. Die Saggenbande erhält eine Belohnung in Form von Bargeld.

Darunter war ein Foto abgedruckt, auf dem Oberstleutnant Bruckner sowie Samuel, Enrico und Gitti abgebildet waren. Alle lächelten in die Kamera. Samuel holte eine Schere und schnitt den Beitrag mit dem Foto aus. „Diesen Artikel werde ich aufhängen. Dafür kaufe ich mir einen geeigneten Bilderrahmen. Die Wand ist groß. Da hätten noch viele Berichte von Ehrungen über gelöste Fälle Platz", sagte Samuel zu sich selber und starrte aus dem Fenster. Im nächsten Moment war er in die wildesten Tagträume versunken. Erst als seine Mutter die Tür öffnete und sagte, dass Enrico gekommen war, kehrte Samuel in die Realität zurück. Er atmete tief durch.

„Ja, ja! Das könnte alles sein. In der Zukunft. Wer weiß, was die Zukunft so bringen wird", murmelte er und ging Enrico entgegen.

Michael Hohlbrugger, geboren im Juli 1979, lebte selbst als Kind und Jugendlicher im Innsbrucker Stadtteil Saggen. Nach dem Zivildienst begann er eine Ausbildung zum diplomierten Gesundheits- und Krankenpfleger. 2007 begann Michael Hohlbrugger eine nebenberufliche Ausbildung zum Sportjournalisten, die er 2009 abschloss. Er sammelte einige Erfahrungen in diesem Bereich. Seit 2018 ist Michael Hohlbrugger in der Lebensschule von Ingrid Kamper, dem Mentalen Lichtzentrum Velden. Er baut sich eine eigene Praxis als Schamane in Innsbruck auf.